国家社科基金青年项目结项报告

本书得到山东省高等学校青创人才引育计划"理论经济学研究型创新团队"的支持

山东省社科理论重点研究基地山东财经大学习近平经济思想研究基地成果

U0739578

房地产泡沫与全球
价值链下的产业升级

贾庆英　著

中国财经出版传媒集团

经济科学出版社
Economic Science Press

·北京·

图书在版编目（CIP）数据

房地产泡沫与全球价值链下的产业升级/贾庆英著
. --北京：经济科学出版社，2023. 11
ISBN 978 - 7 - 5218 - 4265 - 4

Ⅰ. ①房…　Ⅱ. ①贾…　Ⅲ. ①房地产市场 - 泡沫经济
- 研究 - 世界　Ⅳ. ①F299. 233. 5

中国版本图书馆 CIP 数据核字（2022）第 214930 号

责任编辑：李一心
责任校对：蒋子明
责任印制：范　艳

房地产泡沫与全球价值链下的产业升级

贾庆英　著

经济科学出版社出版、发行　新华书店经销
社址：北京市海淀区阜成路甲 28 号　邮编：100142
总编部电话：010 - 88191217　发行部电话：010 - 88191522
网址：www. esp. com. cn
电子邮箱：esp@ esp. com. cn
天猫网店：经济科学出版社旗舰店
网址：http://jjkxcbs. tmall. com
北京密兴印刷有限公司印装
710×1000　16 开　13.25 印张　185000 字
2023 年 11 月第 1 版　2023 年 11 月第 1 次印刷
ISBN 978 - 7 - 5218 - 4265 - 4　定价：53. 00 元
（图书出现印装问题，本社负责调换。电话：010 - 88191545）
（版权所有　侵权必究　打击盗版　举报热线：010 - 88191661
QQ：2242791300　营销中心电话：010 - 88191537
电子邮箱：dbts@ esp. com. cn）

前言

　　在全球产业垂直分工的大背景下，产业的发展要立足全球进行资源配置，并在全球范围内实现产品利润。各国根据自己的先天优势或者比较优势嵌入全球价值链中，从中获取利益。然而利益分配过程并不是平等的，不同生产环节的附加值率存在较大的差异。产业升级要立足于全球价值链来实现，才能更好地配置国内资源，将国内循环嵌入国际大循环中，既要在国内进行产业垂直分工，提高资源配置效率，又要积极进取，不断创新，实现全球价值链上的攀升。过去十几年来，我国经济过度依赖房地产市场，在房地产领域形成局部泡沫。巨量的房地产投资和融资额，显然与在全球价值链背景下产业升级所需要的资源配置相违背。房地产市场对经济的影响已经渗透到各个角落，随着生产网络联系的日益紧密，房地产在中国经济中具有牵一发而动全身的地位，房地产泡沫对资金的占用、资源的配置威胁着产业转型升级目标的实现。当前产业升级的具体内涵和要求已经发生转变，我们既要推动国内经济结构的优化，实现国内大循环，又要在全球价值链上获取优势地位，那么在分析房地产对产业升级的影响时就会出现不同的作用机制。因此，结合当前形势研究全球价值链视角下房地产泡沫对产业转型升级的影响机制，既有理论上的必要性，又有实践上的迫切性。

　　本书在文献综述的基础上，界定了房地产泡沫和全球价值链视角下的产业升级。进一步以房地产泡沫为逻辑起点，分析了房地产泡沫如何影响家庭和企业的微观行为。对可能存在的微观行为进行分析，并从微观到宏观，落脚到对宏观各经济变量的影响，将宏观机制归纳为规模效应、技术效应和结构效应，通过这三个机制影响出口技术含量和出口国内增加值率，也就是本研究定义的全球价值链视角下的产业升级。基于国际数据对理论分析得到的结论进行实证检验，并就三大宏观影响机制进行机制效应检验。最后以美国、日本为例阐述房地产泡沫的形成和破灭过程中产业升级的情况，总结国内外的经验教训，以供国内参考。

基于以上分析，本研究得出的主要结论有以下几点：

第一，科学界定房地产泡沫和产业升级是研究的起点。首先，房地产泡沫是指房价偏离人口和收入的长期趋势。房地产泡沫程度的大小不仅要考察房地产市场的情况，要看房价上涨幅度，还要兼顾经济基本面。经济基本面从长期来看不仅包括收入水平还包括人口的变化。脱离经济基本面谈房地产泡沫是不可取的，仅考虑收入变化也是片面的。其次，产业升级的界定要立足于全球价值链视角。在全球产业垂直化分工的大背景下，每一个细分产业都可能实现全球生产网络的重新配置，实现产业升级的表现是出口产品更加具有国际竞争力，具体表现为出口技术含量的提高和出口国内增加值率的上升。

第二，全球面临普遍性的房地产价格波动。从房价和房价增长率的角度看，房地产价格确实存在波动性，相比普通商品价格波动的周期更长。房价的上涨时间往往比下跌的时间要长，因此大多数地区房价处于上涨区间，尤其是名义房地产价格大多数地区的大多数时间都处于上涨中。相比于 2010 年，2018 年全球 45 个主要经济体中有 12 个国家（地区）的实际房价出现了下降，而 2000～2018 年的平均实际房价增长率仅有 9 个国家（地区）出现下降，其他 36 个国家（地区）出现不同程度的房价上涨。[①] 剔除由人口和收入决定的长期影响因素后，

---

① 数据来源：美国达拉斯联邦储备银行（Federal Reserve Bank of Dallas, Dallas Fed）全球经济数据中的全球房地产价格数据库。

房地产偏离经济基本面的程度在全球各国出现较大分化。

第三，房地产泡沫的形成和发展不利于全球价值链（Global Value Chain, GVC）下的产业升级。在没有房地产泡沫或者泡沫程度较小的情况下，房地产市场处于健康发展阶段，与经济整体产生良性循环，房地产价格的平稳提升可能会通过抵押贷款、稳定预期等推动企业创新从而提高其在 GVC 中的地位，实现产业升级。然而，房地产泡沫产生后会降低创新驱动力，挤出实体经济投资，导致经济脱实向虚。尤其在全球配置资源的前提下，资金等资源对利润和成本异常敏感，房地产泡沫的产生会吸引过多资金流向虚拟经济领域，同时抬高实体企业的生产成本，这会导致双重挤压实体企业的生存空间，抑制产业升级的动力，降低企业生产的产品在国际社会中的竞争力，不利于 GVC 下的产业升级。实证效应检验的结果证实，房地产泡沫对出口技术含量和出口国内增加值率的影响产生抑制作用。房价上涨对产业升级的促进作用仅仅出现于房地产价格较低、房价增速缓慢和房价没有偏离经济基本面的时期。只要房地产泡沫形成，随着房地产偏离经济基本面的程度提高，对全球价值链下产业升级的抑制作用将会加剧。

第四，房地产泡沫通过家庭和企业的行为进而影响产业升级。微观层面上，房地产泡沫产生可能会通过财富效应引致家庭间贫富差距加大，例如，高收入阶层更多消费进口商品，低收入阶层更多消费国内商品。贫富差距扩大在消费结构方面会抑制内需、扩大外需，不利于本地企业。高昂的房价也会影响劳动力的供给，作为重要的生活资料，房地产泡沫意味着生活成本的上升，劳动者要么离开高房价地区，要么要求更高的工资收入水平，这会增加企业的成本。对于企业而言，房地产泡沫产生后，房地产领域利润率高于实体经济领域，资本逐利导致资金向房地产领域聚集，实体企业可能会出现资金短缺和资金成本上升的压力。人力成本和资金成本的提升会压缩企业的研发创新动力，企业可能会存在非实体化或转移到成本较低的地区的动力。所以，房地产泡沫通过作用于微观经济行为主体导致出口受阻、进口增加、企业创新驱动下降等结果，从而抑制了企业在 GVC 上地位的提升。

第五，房地产泡沫对 GVC 下产业升级的宏观机制包括规模效应、技术效应和结构效应。规模效应是指房地产泡沫会抑制出口规模进而降低出口技术含量和出口国内增加值率。通过开放经济条件下的国民收入恒等式与资产市场的供求，将房地产泡沫与经常账户余额建立函数关系，发现房地产泡沫与经常账户余额存在此消彼长的关系。技术效应是指房地产泡沫抑制了创新水平的提高，阻碍了技术水平的提高，导致低端锁定现象更加严重，难以实现在全球价值链上的产业升级。承接微观分析中房地产泡沫对创新的影响，房地产泡沫通过影响研发投入、科技产出等作用于劳动生产率和全要素生产率，进而作用于产业升级。结构效应则承接微观机制中劳动者的跨产业转移、企业的跨产业和跨地区转移，这些都会引起一个国家或地区内部要素结构、产业结构、投入产出结构等的结构性变化。房地产泡沫导致资源过多流向房地产等虚拟经济领域，导致经济出现脱实向虚等结构性改变。进一步，这种脱离实体经济的经济结构会影响全球价值链分工中的地位，阻碍出口技术含量和出口国内增加值率的提升。机制效应检验结果验证了这三种机制是存在的，房地产泡沫通过影响出口规模、技术水平和经济结构进一步抑制了经济体在全球价值链上的攀升。

第六，房地产泡沫短期内可能助推产业升级，但从长期看一定是不利的。通过对美国和日本近代史上几次房地产泡沫形成过程中、泡沫破灭后的实体经济发展情况和全球价值链参与情况进行考察。美国和日本正是在房地产和金融等资产泡沫形成的过程中，利用发展中国家和地区的自然资源和低廉的劳动成本将国内的钢铁、汽车、化工等诸多传统实体产业转移出去，将全球价值链条中高附加值生产环节保留下来。最大化发挥了发达国家的技术优势达到"高端锁定"，主导了国际垂直化一体分工的生产营销模式。在这个过程中，房地产泡沫对于美国和日本的全球价值链角度的产业升级起着重要的推动作用。但是这种作用是短期的，是正向的技术效应和规模效应起的作用，在特定的国际经济环境中才会出现。长期来看则会导致经济的虚拟化和实体经济产业空心化，为下一次资产泡沫破灭埋下伏笔。

　　根据本书结论，我们认为需要从两方面着手遏制全球价值链视角下房地产泡沫对产业升级的负面影响。第一，消除房地产泡沫；第二，切断房地产泡沫抑制产业升级的路径。消除房地产泡沫就要从对房地产泡沫的界定出发：一是抑制房价的进一步上涨；二是提高决定房地产基本价值的经济基本面，那就是人口和居民收入。切断路径，就是要坚持实体经济的主体地位，促进技术创新，提高出口规模，利用国内国际双循环形成的新发展格局，打造优势，实现在全球价值链上的攀升。具体而言：一是坚持"房住不炒"原则，建立房地产市场的长效机制；二是全面放开生育政策，合理引导不同区域人口流动；三是抑制资本要素分配比例，切实提高居民整体收入水平；四是坚持实体经济优先发展，激励创新投入促进成果转化；五是构建国家价值链循环体系，助推实现全球价值链攀升。

目 录

第一章

绪　　论

第一节　研究背景与研究意义

一、研究背景

从"十三五"规划纲要提出优化现代产业体系、实施制造强国战略，到"十四五"规划纲要提出"加快发展现代产业体系、巩固壮大实体经济根基""加快构建以国内大循环为主体、国内国际双循环相互促进的新发展格局"，再到在 2035 年远景目标规划中提出建成社会主义现代化体系，形成对外开放新格局，中国参与国际经济合作和竞争新优势明显增强。为实现上述目标，需要在不断开拓创新的基础上实现产业升级。在全球产业垂直分工的大背景下，产业的发展要立足全球进行资源配置，并在全球范围内实现产品利润。各国根据自己的先天优势或者比较优势嵌入全球价值链中，从中获取利益。然而利益分配过程并不是平等的，不同生产环节的附加值率存在较大的差异。

当前中国已是制造业大国，进出口贸易总额高居世界首位。改革开放之后，我国以劳动力成本较低等优势承接了大量的加工贸易环节，从而嵌入全球价值链分工体系中。相比改革开放初期贸易额 355 亿元人民币、贸易逆差 20 亿元，2020 年全年贸易额实现 32.1 万亿元，贸易顺差 3.7 万亿元。[①] 2020 年全年贸易额在全球贸易中的份额进一步提升，中国在国际贸易中货物贸易大国的地位进一步巩固。然而加工贸易的主要特点是增值率较低。尽管加工贸易在中国贸易中的份额逐渐下降，但在 2020 年仍占对外贸易总额的 20.7%。此外，中国出口的产品中仍然以基础制成品为主，装备制造设备、高新技术产品进口额依然较高。上述数据均显示，我国从制造大国向制造强国迈进任重而道远。以加工贸易为主的低端产业链位置使我国经济处于被动地位，尤其全球需求低迷，贸易摩擦不断，后疫情时代全球经济增长乏力，我国急需进一步向制造业强国迈进，这就需要在全球化背景下有效推动供给侧结构性改革，实现我国经济在全球价值链中的攀升，从而实现产业升级。产业升级要立足于全球价值链来实现，才能更好地配置国内资源，将国内循环嵌入国际大循环中，既要在国内进行产业垂直分工，提高资源配置效率，又要积极进取，不断创新，实现全球价值链上的攀升。

过去十几年来，我国经济过度依赖房地产市场，在房地产领域形成局部泡沫。中央政府已经清醒地意识到要遏制房地产市场的膨胀式发展，依靠创新推动实体经济高质量发展，从而在 2016 年 12 月提出"房子是用来住的，不是用来炒的"基本定位。制定了强有力的政策，力图推动房地产市场的长期平稳健康发展。然而，2020 年仍然存在部分城市房地产价格大幅度上涨，例如深圳、上海、北京等一线城市房价在短时间内快速上涨，对社会经济造成了较大的影响。其他大部分城市虽然没有较大的涨幅，但是房价居高不下，在房地产市场沉淀了大量的资金。巨量的房地产投资和融资额显然与在全球价值链背景下产业升级所需要的资源配置相违背。房地产市场对经济的影响已经渗透到各个角落，随着生产网络联系的日益紧密，房地产在中国经济中具有牵一发而动全身的地位，房地产泡沫对资金的占用、资源的配置

---

① 资料来源：国家统计局、海关总署。

威胁着产业转型升级目标的实现。

后疫情时代，各国经济受到较大冲击，中国经济也面临较大的下行压力，而一、二线城市房地产市场却异常火热，对实体经济产生较大的影响。快速膨胀的房地产市场，吸引社会资源脱实向虚，导致资源错配。而虚拟经济中过多的资源不利于国际竞争力的提高，影响在全球价值链中的攀升，影响产业升级的实现。当前产业升级的具体内涵和要求已经发生转变，我们既要推动国内经济结构的优化，实现国内大循环，又要在全球价值链上获取优势地位，那么在分析房地产投资对产业升级的影响时就会出现不同的作用机制。因此，结合当前形势研究全球价值链视角下房地产泡沫对产业转型升级的影响机制，既有理论上的必要性，又有实践上的迫切性。

二、研究意义

本研究将围绕我国经济嵌入全球价值链的事实，针对已有研究的不足，在借鉴前期研究的基础上，全面系统探讨房地产泡沫对产业升级的影响机制。

1. 学术价值

一是将全球价值链理论拓展应用到宏观经济领域，基于全球价值链的视角分析房地产泡沫对产业升级的影响；二是深化现有房地产对产业升级影响的理论框架，将房地产泡沫对产业升级的影响机制总结为规模效应、结构效应和技术效应；三是充分利用现代计量经济学分析方法，从中观（行业）和宏观（总量）角度考察房地产对出口技术含量及出口国内增加值率变动的影响，检验理论分析的结论。

2. 应用价值

一是为从房地产角度入手促进产业升级提供理论依据和经验证据。后疫情时代各国纷纷实施漫水大灌式的刺激经济的政策，中国正在对抗输入型通货膨胀压力，再遇上局部房地产市场过热，如何综合考虑各重要因素，实现产业升级是当前的重中之重。理清房地产泡沫对产业升级的影响机制，可以完善促进产业升级的策略，为实现产业升级提供参考。二是为产业转型升级过程中提升在全球价值链的地位和嵌入程度提供建议。随着全球经济形势的变化和我国经济进入新时代，我国出现承接的部分产业从国内转移到国外的现象，如何借助国际产业分工体系，淘汰落后生产环节，保留先进生产环节，占据附加值率更高的分工位置是个难题。本研究为应对上述现象提供理论依据和决策支持。

第二节　研究目的与研究内容

一、研究目的

本研究的主要目标在于通过系统梳理房地产泡沫对全球价值链背景下产业升级的影响机制，并用实证加以分析，发现其中的一般规律。在维护房地产市场长期稳定发展的前提下，提出切实可行的、有效的产业升级路径，使实体经济摆脱高房价的束缚，使企业行为最大限度地降低房地产市场的消极影响，同时结合供给侧结构性改革，完成畅通国内国际双循环任务，实现新发展格局下中国经济在全球价值链上地位的升级，从而实现经济高质量发展。

二、研究内容

本书遵循"提出问题—文献评述—理论分析—实证检验—政策建议"的思路。具体来说本书包括五部分内容。第一部分提出研究的问题，第二部分剖析问题，第三部分和第四部分分析问题，第五部分解决问题。

第一部分为本书的第一章和第二章，阐明了研究的背景和意义，阐述国内外关于房地产泡沫、产业升级相关的文献，详细分析了现有文献中对于房地产泡沫的界定、成因、测度及其对经济的影响；产业升级的界定、测度及其与全球价值链的关系，房地产泡沫对产业升级的影响；等等。本部分研究为全书奠定了基础。

第二部分为本书的第三章，在文献综述的基础上，界定了房地产泡沫和全球价值链视角下的产业升级。具体而言，在传统的以房价和房价增长率来反映房地产泡沫形成的基础上，加入房价偏离经济基本面的程度来测度房地产泡沫，用出口技术含量和出口国内增加值率来测度全球价值链视角下的产业升级。并进一步对世界各国房地产泡沫情况和产业升级情况进行了纵向和横向的时空分析。

第三部分为本书的第四章，是整个研究的理论分析部分。该部分首先以房地产泡沫为逻辑起点，分析了房地产泡沫如何影响家庭和企业的微观行为。对可能存在的微观行为进行分析，并从微观到宏观，落脚到对宏观各经济变量的影响，将宏观机制归纳为规模效应、技术效应和结构效应，通过这三个机制影响到出口技术含量和出口国内增加值率，也就是本研究定义的全球价值链视角下的产业升级。

第四部分为本书的第五、六、七章，是实证分析部分。第五章和第六章基于国际数据对理论分析得到的结论进行实证检验，并就三大宏观影响机制进行机制效应检验。第七章以美国、日本为例阐述房地产泡沫的形成和破灭过程中产业升级的情况，总结国内外的经验教训，发现一般规律。

第五部分为本书的第八章，总结全书并给出政策建议。在对全书进行总结的基础上，对当前的房地产市场对产业发展的影响趋势进行判断预测。最后，根据上述分析和实证结果，结合我国具体情况，给出抑制房地产泡沫、推动全球价值链下产业升级的可行操作路径。

图1-1为本书基本思路和技术路线图。

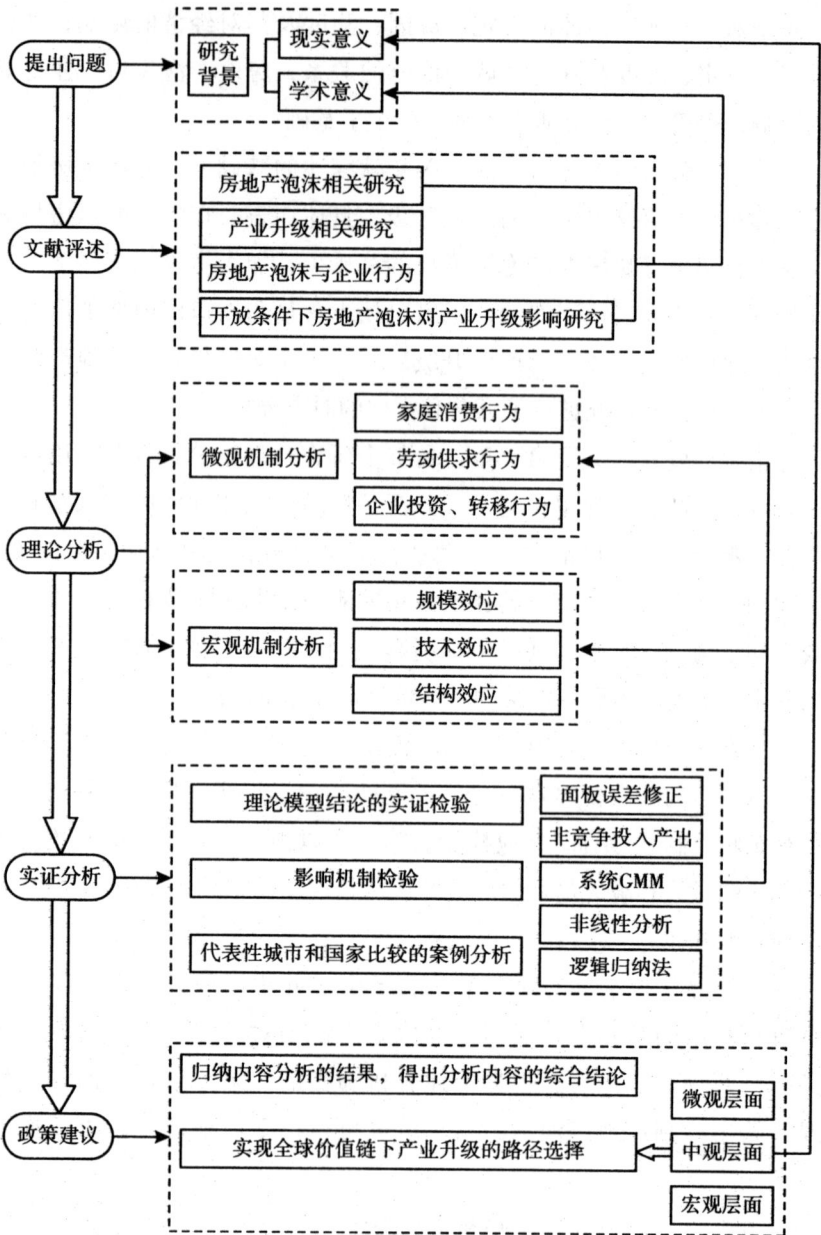

图 1-1 基本思路和技术路线

第三节 本书的创新点

第一，从全球价值链的视角研究房地产泡沫对产业升级的影响。将产业升级界定为全球价值链下的升级，不局限于嵌入全球价值链的方式以及全球价值链的嵌入程度、分工地位和升级模式，系统地研究房地产泡沫对产业升级的影响机制。这与研究房地产市场影响传统意义上的产业结构升级或在内循环框架下研究二者关系存在较大的差异。其影响机制和影响方向可能会是一个全新的结论。这为新发展格局下探索内循环的出口，设计出合理且可操作的产业升级路径提供了方向。

第二，系统性分析房地产泡沫对产业升级影响的影响机制。全面分析可能存在的直接和间接影响，基于房地产泡沫对家庭和企业微观主体行为的影响，进一步归纳到宏观机制，在宏观上将房地产对产业升级的影响机制归纳为规模效应、技术效应和结构效应，为纠正由于房地产泡沫影响的产业升级提供政策思路。

第二章

文 献 综 述

第一节 房地产泡沫相关研究

一、房地产泡沫概念的相关研究

（一）泡沫理论

泡沫是资本过度积累的产物，当投资者预期资产价格上升时，基于投机心理会以脱离基础价值的价格持续购买，如此可以认为该资产出现了泡沫（Stiglitz，1990；Kindleberger，1978）。一定时期内价格以不可持续的高速度上涨也可以称为泡沫（Stone，2002）。哈里森和克雷普斯（Harrison and Kreps，1978）指出如果投资者对于一种资产有着随时抛售的权利，那么该投资者会为此支付更高的价格，这种主观操作具有投机的特点。换句话说，资产的价值没有发生变化，但资产的价格却被投资者抬高，资产泡沫由此产生。现实中，价格是围绕着价值上下波动的，社会中商品价格与价值偏离的情况有正有负，但从长期来看，总体上商品价格与价值的偏离可以相互抵消，趋于一致。但投机性泡沫有所不同，它是指由于投资者的良好预期所引起的资产价格相对于基本价值的非平稳性偏离（王子明，2002）。

泡沫理论是历经多年众多学者不断辩论碰撞形成的理论，泡沫的存在性问题是泡沫理论产生的前提。20世纪80年代之前，新古典经济学认为在市场有效假说和理性预期的假设条件下，经济总禀赋保持不变，资产价格始终与该资产代表的股息流现值相等，因此市场不会出现资产泡沫（Fama，1965）；桑托斯和伍德福德（Santos and Woodford，1997；Scheinkman，1988；Milgrom and Stokey，1982）。但布兰查德和沃森（Blanchard and Watson，1982），迪巴和格罗斯曼（Diba and Grossman，1983）基于理性泡沫理论和外生经济增长理论模型，认为资产泡沫是可以存在的。梯若尔（Tirole，1985）在市场参与者是无限并且具有风险偏好趋向的假设下，也认同了这一观点。自此，泡沫理论在学术界激烈的讨论中不断向前发展（黄飞鸣，2012）。

奥利维尔（Olivier，2000）将资产分为权益性资产（股票）和非权益性资产（房产、地产）进行分析，提出当泡沫出现在权益性资产中时是有利于经济增长的，反之，当泡沫出现在非权益性资产中时，不利于经济增长。同样在研究资产泡沫考虑到进行资产分类的还有许多国内学者。刘宪（2009）从生产源头上进行资产区分，他将其划分成生产性资产和非生产性资产，前者有利于经济增长，后者不利于经济增长。苗和王（Miao and Wang，2014）利用两部门模型讨论信贷驱动下资产泡沫对经济的影响，他们认为当生产部门存在正外部性时，资产泡沫会促进经济增长，而当生产部门不存在正外部性时，资产泡沫不会促进经济增长。苏冬蔚和毛建辉（2019）在梯若尔（Tirole，1985）和奥利维尔（Olivier，2000）的研究基础上，将生产性和非生产性资产泡沫引入迭代交叠模型，研究发现两类资产泡沫的相对比重会影响实体经济增长。这种资产分类方法为后期学者进一步研究资产泡沫提供了新的视角。

（二）房地产泡沫的存在性分析

中国房地产泡沫的存在性问题是学术界的热点话题，学者们呈现出截然不同的观点。一部分学者认为我国房地产泡沫问题十分显著，且就目前国内形势来看，存在破裂的迹象；另一部分学者不承认我国房地产领域存在泡沫现象，而是将其认定为房地产局部过热问题。

吴敬琏认为要回答房地产市场中是否存在泡沫要比股市中是否存在泡沫更难回答。罗伯特·希勒表示房地产泡沫在全球经济来看是一种普遍的现象，无论从波士顿到纽约，还是从伦敦到悉尼，房地产市场低迷或者长期高涨都会造成泡沫，这是一种自然的、正常的规律。吕炜和刘晨晖（2012）认为房地产价格多年来连续大幅上涨，大量投机性资金投入房地产市场，表明市场中的投机泡沫现象趋于明显。他们认为我国绝大多数省份在 2003 年前后出现明显的房地产投机泡沫，2005 年后各省份的投机泡沫明显剧增，其中土地财政是我国房地产泡沫累积形成的重要原因。

虽然房地产具有虚实二重属性，但和其他商品一样，房地产价格是住房的市场交易价格，其价格也由市场供求关系决定，不同之处在于虚实二重性决定了，影响房地产供给和需求的因素与其他产品存在差异。况伟大（2008）、赵安平和范衍铭（2011）从消费需求角度构建了一个消费者—开发商住房市场均衡模型来指出我国东部地区存在较为严重的房地产泡沫，而中西部地区没有明显的房地产泡沫。赵路兴和周江（2004）指出我国虽然有些地区出现房地产过热或者结构性过剩的现象，但是这并不代表房地产市场出现泡沫，因为在真实性需求支撑的前提下，房地产局部过热的现象可以合理化解释。王小广（2004）认为，我国的房地产市场正处于非理性繁荣阶段，直观上来看是人们日益增长的高需求等一般性市场性过热引起的房地产价格一而再再而三地上涨，但实际上与炒高的泡沫化股价现象如出一辙，是由带有房地产利益的集团集体操纵的价格过快上涨。丰雷、朱勇和谢经荣（2002）分别从微观、中观和宏观角度分析，认为我国房地产市场仅存在地区性的价格泡沫。韩德宗（2005）认为我国只有一线城市的房地产市场存在泡沫问题。

以上为赞同我国存在房地产泡沫的学者观点。但有一些学者对于房地产泡沫的存在性也提出了质疑。厉以宁①独创地用"第二套住房理论"分析房地产泡沫问题，他认为居民随着收入水平的提高，会扩大需求，追寻第二套住房，在有效需求支撑的前提下，会产生局部地区房地产过热的现象，但这不能等同于房地产泡沫。进一步，厉以宁从需求和供给两方面探讨房地产价格上涨的问题。从需求来讲，在物价上涨，通货膨胀率上升的情况下，投资房地产是个人资产最能保值增值的方法；从供给来讲，当上游原材料价格上涨时，推动下游房地产价格上涨是正常的现象，这并不能推断我国房地产市场出现泡沫现象。杨慎②认为，根据国际通行的房地产泡沫判断标准，分别从房地产创造的增加值占 GDP 的比重、房地产的开发投资占固定资产的比重和住房的产销率三个指标来分析我国的房地产市场数据是不能认定其存在泡沫现象。

二、房地产泡沫成因的相关研究

房地产泡沫的成因一直以来是国内外学者所关注的重点问题。探索房地产泡沫形成的原因有助于从源头上遏制泡沫的产生和持续性扩大，对我国实体经济的健康发展有着重大意义。综合国内外文献，整理如下几点影响房地产泡沫产生和发展的因素。

（一）房地产自身特性

随着人们对房地产认识的不断深化，房地产经常作为一个整体出现，主要指不动产开发投资和经营。众所周知，土地资源并不是源源不竭的，它具有稀缺性，是一种有限的自然资源。根据供给理论，土地属于自然供给无弹性但是经济供给有弹性的商品。因此，对于稀缺的土地资源来说，土地资源的供给弹性较小。随着社会总需求的增长，

---

① 厉以宁在第四届中国信息产业经济年会上主题为《WTO 与中国经济》的演讲中提出的观点。

② 杨慎 2004 年广东房地产企业发展高峰会上演讲中的观点。

商品供给弹性越小，要素价格会增长得越快（林毅夫，1998）。房屋作为土地之上的附属物，自然价格也会受到影响，从而为房地产泡沫的产生提供了基础条件。伯特（Bertr，1999）通过研究法国巴黎的房地产市场得出结论，即房屋地产的供给非弹性和人们的投机性交易导致了房地产泡沫。汪利娜（2003）认为由于中国属于人口大国，人均土地资源较少，供给弹性较小是产生房地产泡沫的重要原因。王永钦和包特（2011）也验证并支持该结论，并进一步指出房产税和首付率的调整对泡沫的形成也有重大影响。

（二）投机性预期

经济学的预期指的是针对当前的政策和发展形式，对当前经济变量可能存在未来值的预测（周京奎和曹振良，2004）。房地产同时具备消费品和投资品两种属性，一方面满足人们日常生活需求，另一方面房地产作为投资品时，预期就成为影响房地产价格的重要因素，人们购买房地产不再是为了满足生活需求，而是满足自己的逐利需求。因此，可以说投机性预期是房地产泡沫产生的主要原因之一（Case and Shiller，1989；Levin and Wright，1997；姜春海，2005）。20世纪90年代的日本泡沫危机和1998年东南亚的金融危机都是起因于对股票金融市场和房地产市场过高的投机性预期，二者与泡沫的累积和破灭有着一定的内在联系（Shiratsuke，2003）。弗里德曼（Friedman，1953）认为不稳定的投机活动在现实生活中是不存在的，当市场投机中的反馈交易者占先时，投机交易行为就会使资产价格波动的幅度加大。哈里森和克雷普斯（Harrison and Kreps，1978）指出投资者基于投机的特性，对于可以随时买卖出售的资产会甘愿投入更高的价格。在总的社会资金池里面，资产的价值没有变化，但价格却大幅上升甚至翻倍，由此产生了资产泡沫。黄（Wong，1998）以泰国房地产数据为基础，建立动态模型，研究发现房地产商和人们的投机性预期产生的影响均会在房地产泡沫形成和发展的作用机制中有所体现。茅于轼（2003）认为经济活动不仅要占有一定的社会资源还需要一定的空间，投机炒作会导致房地产价格的上升，同时也是产生泡沫经济的主要原因。谢经荣等（2002）认为对房地产的需求可以区分为真实需求和投机需求，投机需求才是真正促使房地产泡沫形成的主要因素。

赫舒拉发（Hirshleifer，1975）和费格尔（Feiger，1976）认为投资者的预期具有主观性偏差，而由于这种偏差所导致的各自不同的投机行为将会引发资产价格出现系统性偏差，严重时则会导致资产泡沫。马尔佩齐和瓦赫特（Malpezzi and Wachter，2005）通过利用适用性的预期假设构建动态住房流量和存量均衡模型，研究认为房价的周期波动现象受房地产价格供给弹性和投机心理的影响。进一步研究时发现，价格供给弹性与房价波动呈现负相关关系。王松奇（2002）指出泡沫就是基于不切实际的高投机预期形成的资产价格过度上涨的现象。谭刚（2001）认为房地产价格的剧烈上涨不仅给予过高的心理预期，还增加了投机因素，自我强化的正反馈机制导致房地产价格上涨膨胀为房地产泡沫。

（三）金融过度支持

房地产属于资金密集型行业，从开发到后期建设都离不开资金的支持。房地产同时具有消费品和投资品两种属性，一旦房地产价格开始上升，一方面银行等金融机构会扩大信贷供给；另一方面大规模的货币扩张等金融过度支持政策会形成正反馈机制，促使房地产泡沫的产生和积累。伊藤隆敏（Takatoshi，1995）发现银行贷款利率、股票价格和广义货币供应量对房地产价格的快速上涨具有很强的解释力。伯特（Bertr，1995）也认为随着金融自由化的程度越来越高，在金融的过度支持下，金融风险和银行坏账率也逐渐累积，加速了房地产泡沫的形成与破灭。艾伦等（Allen et al.，1998）、克鲁格曼（Krugman，1999）认为房地产泡沫全部来源于银行融资，且泡沫的日益扩大与银行等金融中介的代理问题密切相关。周建军等（2008）认为我国新一轮房地产泡沫的产生与虚拟经济的发展联系密切，大量银行信贷和社会游资聚集于房地产市场催生了价格泡沫。周京奎（2005，

2006）提出金融过度支持假说，认为如果房地产开发商和房屋购买人都可以从银行获得贷款，那么房地产价格就会随着金融支持力度的增加而不断的上升，从而使得房地产价格高于其本身的基础价值，产生房地产泡沫。

克鲁格曼（Krugman，1998）认为随着信用创新工具和金融创新理念的不断发展，多样性的金融工具导致银行等金融机构作为中介的代理问题愈发突出，成为房地产等其他资产泡沫得以形成和发展的关键因素。国内学者结合中国的实际国情发现财政政策也在一定程度上催生了房地产泡沫。分税制是我国目前采用的征税方式，因此也决定了地方政府在一定程度上无法及时匹配事权和财权，土地出让金是地方财政收入的重要来源之一。因此，当地方政府发现投资房地产可以作为增加税收的一个渠道时，便会加大地方财政支持房地产行业的力度[①]。伯南克（Bernanke，1999）在研究日本房地产泡沫产生的原因时提出，诱发房地产泡沫的主要原因不是人们疯狂的投机行为，而是政府颁布的错误的货币政策，并提出房地产泡沫是可以从根源上预防的。

谢经荣等（2002）建立的房地产商和银行的双主体局部均衡模型，验证信贷扩张规模的不确定性会进一步加重房地产泡沫，同时还指出土地财政投机和政府错误干预是形成房地产泡沫的直接原因。莫里塔（Morita，2005）也得出同样的结论，他认为当地政府采取的多项措施都会直接或间接地引致房地产泡沫。梁若冰和汤韵（2008）利用中国35个大中型城市的面板数据，构建模型证明地方财政支出与房地产价格之间存在正相关影响。张涛等（2008）认为除却金融过度支持政策，财政也是催发房地产价格逐渐偏离基本面，产生房地产泡沫的重要因素之一（踪家峰等，2010；吕炜和刘晨晖，2012）。昌忠泽（2010）、郭淑芬和张飞（2013）指出中国房地产泡沫形成的三大根源分别是信贷扩张、土地财政和住房预售制度。

---

① 2021 年 6 月 4 日，财政部发布通知，国有土地使用权出让收入等非税收入划转税务部门征收。

（四）非理性行为

房地产市场是典型的信息非对称性市场。信息不对称附加不同个体和机构的主观臆断将进一步弱化理性思考能力。房地产市场的基础价值只能部分决定其价格，其外溢价格则会受到各方面不同因素的非理性行为的影响，严重时即可引发房地产泡沫。非理性行为主要包括羊群效应、蓬齐对策、异质信念和通胀幻觉等。现有文献主要集中于对羊群效应和蓬齐对策的分析。

一是羊群效应，表现为人们在有意识或无意识地模仿他人而形成的群体行为，尤其在信息不对称市场上尤为凸显。在信息不完全的情况下，投资者很难对市场作出明确的判断，一旦房地产市场有任何风吹草动，就会引发羊群效应。更有甚者被不法分子所利用，哄炒房价，就会促进房地产泡沫的形成和发展。不仅如此，房地产市场的信息不对称还会带来逆向选择和道德风险等问题，具有投机性的银行借款人在银行借取大量资金后投入房地产市场。信贷规模扩张是基层银行的主要激励方式，短期来看，信贷扩张的风险性不大。因此，银行在争相牟利的同时，可能会忽略对借款人信誉背景的深入调查，低估出借资金的潜在风险。银行信贷扩张将会促使房地产价格上涨，加快资产价格泡沫的产生和发展。但由于银行等金融机构的体制不健全、借款人品格信誉的良莠不齐，一旦一方还款环节出现问题，就会引发"多米诺骨牌"效应，易给银行招致不可避免的信用风险，严重时则会刺破资产泡沫，引发金融危机，日本经济泡沫和2008年世界金融危机就是前车之鉴。黄（Wong，2001）通过建立跨期的住房市场局部均衡模型研究羊群效应下房地产泡沫的形成过程，研究发现房地产开发商过度乐观地提高房屋供给会提高经济低迷状态下开发商的脆弱性，促进房地产泡沫的产生。即便开发商改变乐观预期，经济低迷状态下的巨额损失也会产生泡沫。位志宇、杨忠直、王爱民（2007）基于羊群效应考察房地产价格的波动情况，研究发现，当房地产价格快速上涨时，为羊群效应的出现奠定了基础，房地产市场存在羊群效应，会进一步引致房地产价格上涨，促使资产价格泡沫的产生。史永东、陈日清（2006）基于博弈模型，也得出了相似的结论，并进一步研究了受羊群效应驱使的购房人在泡沫破裂出现破产的可能性。

二是蓬齐对策，表现为债务人利用增加未偿还的债务来抵消现期债务的行为。房地产开发商多采用银行贷款筹集开发资金，随着经济的不断发展，个人的购房观念也逐渐转变，个人贷款购房的比率越来越大。这样就会导致大量来自银行贷款的资金流入房地产市场，因此推动房地产价格迅速上升，形成房地产泡沫。章晓伟（2009）研究认为，在贷款期限无限延长的情况下，资产的投资回报率小于贷款利率时，名义资产与实际资产的差值，即房地产泡沫会趋近于无穷大。可以认为当利率保持不变的情况下，最终泡沫的大小由贷款数量决定。李梦玄和曹阳（2013）通过建立多元回归模型，发现逆向选择、羊群效应和蓬齐对策与房地产泡沫的形成存在一定的联系。

三是异质信念。陈国进和刘金娥（2011）认为异质信念是导致房地产泡沫产生的主导因素。巴甫洛夫和瓦克泰（Pavlov and Wachter, 2011）认为金融监管的不严谨也是房地产市场泡沫化的重要原因。

三、房地产泡沫测度的相关研究

（一）指标评测法

指标评测法主要包括单一指标法和综合指标法。

1. 单一指标法

单一指标法是最初测度房地产泡沫的方法，因此应用比较广泛。房价收入比、租售比和空置率是国际上公认的对房地产泡沫的主要衡量标准，通过比较实际指标值与该指标在经济假设前提下的临界值之间的差异，测度房地产市场是否存在泡沫和泡沫程度的大小。这种指标检验法（Case and Shiller, 2003）是国际上检验是否出现房地产泡沫的衡量指标之一。国内许多学者也运用该方法进行房地产泡沫程度的测算。

（1）房价收入比。房价收入比表示该城市每户住房价格与该城市每户居民家庭年收入的比值。该指标可以通过测算来观察城市居民对住宅的承受力是否处于合理的范围内。比值越大，说明该城市房价高于该城市居民的收入水平，对购房支出的承担能力越弱；比值越小，说明该城市的居民可以满足基本住房需要，对购房支出的承担能力较强。一个国家的平均房价收入比则是该国家一套房屋的平均价格与家庭年平均总收入的比值。而国际上通用的房价收入比计算方法为住房总价格的中值与家庭年收入的中值的比值。通行的房价收入比标准区间为3~6倍，即为合理区间。因此，当房价收入比超过上限6，即认为存在房地产泡沫，反之，不存在。房价收入比过高或过低都不利于房地产市场的长期稳定发展，也不利于居民生活水平和福利的提高。如吕江林（2010）以房价收入比作为主要指标测度我国35个大中城市的房地产市场泡沫化程度。统计认为我国的房地产市场已然存在房地产泡沫，且泡沫程度较大。该指标数值越大说明房地产价格的上涨幅度超过了该居民家庭的实际支付能力，该指标一定程度上也反映了居民的投机性需求，其数值越大，说明房地产市场的投机性需求越强烈，也就增加了房地产泡沫发生的概率。

（2）房屋租售比。房屋租售比也被认为是可以评估房价是否偏离基础价格的指标（Costello et al.，2011），租售比意为房屋租金价格与出售价格之比，反映了房地产市场的相对价格。房屋租售比表示每平方米的租赁房屋价格与每平方米的出售房屋价格之比，即每平方米住宅所需的月租金占每平方米住宅建筑面积价格的比例，其来源于泡沫价值偏离理论，市场上的租赁价格可以一定程度上反映房屋的真实价值，而租赁房屋与出售房屋之间的比值可以反映房地产市场的相对价格，能够切实反映出房屋实际价格与销售价格的偏差，以此刻画居民进行房屋租赁和购买价之间的大小关系，并进一步显示该地区的房地产市场的开发价值和投资价值比较。

通常来看，房地产价格的上下波动短期内不会引起房屋租赁市场价格的大幅度波动，但是房地产市场的商品住宅价格会因实际情况的变化而受到显著的影响。按照国际上通行的普遍标准为1:300~1:200，若房屋租售比超过上限1:200，则认为我国该阶段房地产的实际价值被低估，因此房地产市场具有投资潜力，增加投资力度可以获得可观的收益。反之，若房屋租售比低于1:300下限，则认为我国商品住宅房屋的售价偏高，投资潜力不足，可能会存在房地产泡沫。该比值过高，表示该区域的房地产市场还未饱和，房地产投资潜力相对较大；该比值过低，表示该区域已经出现房地产过热甚至房地产泡沫，房地产投资潜力相对较小。

（3）房屋空置率。空置率意为全部未出售的房屋与当年房地产市场竣工的房屋数量之比，反映房地产市场供应能力的大小。房地产市场的存量越大，市场消耗过慢，则其空置率数值越大，说明房地产市场出现泡沫的可能性越大。洪开荣（2002）在计算空置率的基础上进一步提出了泡沫计量"市场修正法"，用于房地产泡沫的深度测量。除去空置率的计算，从房地产市场的供给和需求入手，可以直接反映市场上的房屋供应是否超过居民实际需求，以此来判断是否存在房地产泡沫。通常情况下，如果一个国家或地区的房地产市场处于健康运行的状态，房地产价格小范围的波动不会大面积影响消费者的购房需求，其供给和需求会达到一个相对均衡的状态，因此房屋空置率不会过高；如果一个地区或国家房地产价格高涨，出现房地产泡沫，会导致消费者无法支付高昂的购房款，一定程度上抑制了购房者的需求，因此大范围商品住宅房积压，空置率数值将提高。

目前学术界对于房屋空置率的计算主要有三种表现形式：一是商品住宅当年闲置总面积与全部商品房面积之比；二是商品住宅当年闲置总面积与当年竣工商品房面积之比；三是商品住宅当年闲置总面积与商品住宅三年竣工总面积之比。其中商品住宅闲置总面积有两种定义：一是采用当年处于无人居住空闲状态的商品住房总面积；二是房地产开发楼盘已经竣工的商品房，且在报告期到期之前尚未销售或租赁的商品房总面积。而总竣工面积选取3年范围内交工的商品住宅总面积。国际上认为空置率控制在5%~10%之间为正常区间，房屋空置率过高或过低都不利于房地产市场和国民经济的平稳持续性发展。

2. 综合指标法

也有学者认为单一指标反映的信息较为片面，所以综合多个指标进行全方位各个领域的测算（李金和何雄浪，2010；吕铮和高明，2012）等。克莱顿（Clayton，1996）构建综合评价指数，测评了加拿大房地产市场的相关数据，并将城市化等因素纳入其中，考察加拿大房地产价格的波动情况以及存在的风险因素。埃里克和麦科特（Eric and Myott，1997）依据研究区域内部房地产价格走势的变化情况，首创了社区预警系统，使用先行指标对房地产市场的价格波动进行预警预测。李维哲和曲波（2002）设计一系列房地产泡沫预警指标来测算我国房地产市场的泡沫情况，指标序列包括以下四个部分：生产类指标、交易状况类指标、金融类指标和消费状况类指标。汪利娜（2003）在其基础上又加入销售率进行分析，并发现两个指标之间存在显著的正相关关系，也进一步说明了我国房地产市场可能已经出现了泡沫。刘治松（2003）结合了房屋空置量、空置率、国内生产总值增长率、房价收入比和房价增长率等多个指标计算房地产泡沫。钟（Chung）和金姆（Kim，2004）利用房价收入比、基础市场价格法等研究韩国房地产市场的泡沫化问题，研究证明韩国的大型城市已经存在房地产泡沫。邱强（2005）结合空置率、房价收入比和房地产业利润进行测算。吴艳霞（2008）采用功效系数法测算了上海市房地产市场的泡沫水平，认为投机是我国房地产泡沫产生的基础。杨晓冬和王要武（2008）利用同样的方法测算了北京市的泡沫化程度。

但也有学者认为这种测度指标存在不合理性，不能准确及时地计算我国房地产泡沫化的程度。如田传浩（2003）认为房价收入比、空置率以及租售比所判断房地产市场是否泡沫化的标准是根据美国或者部分发达国家的房地产业发展程度评测的，虽然基于一定的经济理论基础之上，但是并没有一套完全符合中国实际经济内涵的测量指标。刘琳、黄英和刘洪玉（2003）得出相似的结论，认为国外的统计体系较为完善，这些指标对于中国来说存在些许不合理之处，需要根据中国的实际情况设计新的房地产市场指标评价体系。蒋南平（2009）也同意该观点，并对现存的一些评价指标存在疑问。虽然指标评测法存在许多分析思路的缺陷，但是现有的一些对房地产泡沫评价的指标仍为厘清思路和政府相关政策的出台发挥了不可替代的作用。

（二）模型模拟法

模型模拟法一般先构建理论模型，按照相关经济学理论计算出房屋的基础价值，随后比较房地产实际价格计算房地产泡沫。主要分为两类：一是收益还原法；二是市场供求模型法。前者基于价格收益还原的角度来计算资产价格中存在的泡沫成分。后者主要通过理论模型来构建新的模型，通过对比理想模型下计算出的理论价格与房地产市场的实际价格进行比较，从而完成对房地产市场泡沫的分解。野口（Noguchi，1987）首次提出利用收益还原法计算房地产市场的泡沫。国内学者洪开荣（2001）也利用收益还原法对我国房地产泡沫进行估算，并进而提出了市场修正法来测度泡沫程度。相比之下，市场供求模型法在国内外受到更多推崇。布兰查德和沃森（Blanchard and Watson，1982）通过理性预期假设，构建均衡条件下的资产价格模型，计算实际价格与市场价格的偏差，又称为基准价格比较法分析。坎贝尔和席勒（Campbell and Shiller，1988）利用检定现值的模型，在资本市场有效假说的条件下，计算和检验房屋的理论价格和市场价格的积分阶，进而判定房地产市场是否存在泡沫以及泡沫化的程度。亚伯拉罕和亨德肖特（Abraham and Hendershott，1994）首次将房地产价格明确地区分为基础价值和泡沫价值两个部分进行计算。袁志刚和樊潇彦（2003）通过构建房地产局部均衡模型，并对比房地产市场的实际价格和理论价格来判断房地产泡沫大小。而周京奎、曹振良（2004）利用房地产投机泡沫检验模型得出目前我国房地产市场尚不存在泡沫现象。孙伟和扈文秀（2008）利用我国大中型城市的相关数据，将房地产市场与股票市场的理论相结合，得出我国房地产市场总体上已经出现了泡沫化趋势，并伴有逐年扩散的趋向性的结论。陈国进和刘金娥（2011）则利用时变现值模型来估算房地产市场的基本价值，在此基础上计算房地产市场的溢出价值，将其实际价格和基础价格作对比，进而确定泡沫化程度。

（三）多元统计法

多元统计法可以很好地规避单一指标、多指标和功效系数法的片面性缺点，可以更全面地覆盖多个领域，由此计算出来的房地产泡沫的测度值更具有说服力。多元统计法主要分为因子分析和主成分分析法两种。二者都是在降维的基础上，客观地赋予代表不同领域的评价指标不同的权重系数，从而实现房地产泡沫的测算。

（四）统计检验法

国外学者更多使用统计检验法来测算房地产泡沫，通过计量统计经济学的原理和方法对房地产泡沫进行解释。其主要包括设定行检验、方差上限检验、单位根协整检验和投机度检验等。韦斯特（West，1987）首次突出运用设定性检验房地产泡沫，国内学者韩德宗（2005）在前者的基础上，运用设定行检验对北京、上海和深圳的房地产市场进行实证研究，得出三个城市的房地产市场并不存在泡沫的结论。方差上限检验多用于股票市场泡沫化的测算，在房地产市场应用较少，但也有学者尝试该方法，如波特（Porter，1981）、席勒（Shiller，1981）。汉密尔顿和怀特曼（Hamilton and Whiteman，1985）首次提出运用单位根检验来测算房地产市场是否存在泡沫现象。米斯（Meese，1986）、迪巴和格罗斯曼（Diba and Grossman，1988）在运用单位根检验的同时扩展到协整检验。为了进一步考量房地产市场存在的投机问题，莱文和赖特（Levin and Wright，1997）提出了投机度检验方法，进一步丰富了房地产泡沫的检验方法。其他统计检验法还包括检定现值模型法（Campbell and Shiller，1988）、时间序列分析法（Brunnermeier，2008）和 VAR 模型检验（Gapers，2013）等方法。

第二节 产业升级相关研究

一、产业升级概念的相关研究

"产业升级"这一概念涵盖了产业发展的历史进程。20 世纪 50 年代，基于费歇尔"三次产业分类法"，克拉克（Clark，1951）对三次产业结构转变同经济发展间的关系进行实证研究，总结出产业结构变化同经济发展之间的规律。进一步，库兹涅茨（Kuznets，1971）将产业结构划分为农业部门、工业部门和服务业部门，并且总结出经济增长中的产业结构变化规律，即农业部门国民收入和劳动力比重持续下降，工业和服务业部门比重呈上升趋势。在研究产业升级的初期阶段，国内学者们多从宏观层面对产业升级概念进行界定。20 世纪 80 年代，作为国内最早研究产业升级的学者，吴崇伯（1988）在论述东盟国家产业升级时，将产业升级解释为"产业结构的升级换代"，即推动产业结构逐渐淘汰由橡胶制品、纺织、电子、木材加工等劳动和资源密集型轻工业，转变为从事资本和技术密集型的重化工业。由此，最初的产业升级概念是指产业结构的转型升级，即产业结构呈现出由低级形态向高级形态不断演变的趋势，具体表现为国民经济由以第一产业为主导产业，逐渐向以第二产业、第三产业为主的梯度转移过程（吴崇伯，1988；李培育，2003；姜泽华和白艳，2006；陈羽和邝国良，2009）。

相比于最初国内学者大多从宏观角度对产业升级概念进行界定，以及在产业结构思路下对产业升级展开研究，国外学者一般从微观层面对产业升级概念进行界定（唐晓云，2012）。在国外学者的相关研究中，恩斯特（Ernst，1998）通过对韩国的产业发展策略进行研究，指出韩国在追求产业结构升级的过程中忽视了技术创新和进步、高附加值产品的生产以及知识能力的积累，而一味追求生产同质产品和国际市场份额的扩大。因此，即使韩国实现了出口导向型半导体行业的快速扩张，但由于知识基础的狭窄和僵化的生产模式，仍然导致了产业结构严重失衡，易受国际金融和货币危机的影响，因此并未真正实现产业升级（industrial upgrading）。由此可见，恩斯特已经将"产业升级"与"产业结构升级"在一定程度上作出区分。波特（Porter，1990）基于竞争优势对产业升级作出如下定义：产业升级是指当产业内部一部分企业资本、技术相对于自然资源、劳动力等其他要素禀赋更为充裕时，通过各企业之间的要素转移，赋予资本和技术密集型企业更多资源，从而这部分企业将比较优势转化为竞争和利润优势的过程。类似地，潘（Poon，2004）通过研究台湾信息技术产业升级案例，将产业升级概念阐述为制造业企业由附加值较低的劳动密集型产品向附加值较高的技术密集型产品的转换过程。

从上述研究中不难发现，微观层面对产业升级概念的界定多侧重于比较优势下的生产要素转移，以及企业内部的技术创新与进步的视角。20世纪90年代以来，伴随着全球化进程的快速推进，国际分工不断深化和细化，制造业生产环节在世界范围内呈现出垂直分离和重组再构趋势，产业内和产品内分工逐渐替代产业间分工成为国际分工的主要形式。随着国际垂直化分工不断深化，产业升级的内涵同样在不断扩展，越来越多的学者开始从"价值链升级"视角展开对产业升级问题的研究（Feenstra，1998；Hummels and Ishii et al.，2001；刘志彪和刘晓昶，2001；卢锋，2004；孙文远，2006）。格里芬（Gereffi，1999，2001）通过研究东亚国家（地区）服装产业升级问题，首次界定了商品链视角下的产业升级概念，明确了对于处于全球商品链上的一个国家或地区来说，其产业升级可看作该国整体产业在同一或不同价值链之间地位的提升，具体表现为产业增加值的提高，同时包含着企业增加值、劳动者收入水平、国家形象等条件的向好发展。在这种思路下，许多学者进一步指出产品内价值链分工视角下的产业升级有如下含义，即处于全球产品内分工链条上的企业通过价值链获得技术进步与市场联系，进而提升企业竞争力，嵌入更高增加值的活动中（Humphrey and Schmitz，2002；Giuliani，2005；孙文远，2006；刘斌等，2015）。此外，一些学者基于此视角还进一步扩充了产业结构视角下产业升级的内涵，指出三次产业结构的逐渐演进是产业附加值不断提高的过程，认为产业升级的真正内涵正是低附加值产业不断被高附加值产业所替代（张耀辉，2002；蔡海亚和徐盈之，2017；张辉等，2019）。

通过以上论述，可以将国内外学者研究中的产业升级概念归结为三种类型（韩红丽和刘晓君，2011）：一是产业结构的转型升级，即由第一产业过渡到第二产业，再由第二产业过渡到第三产业的过程；二是从微观层面比较优势下生产要素转移的角度，产业升级是指同一产业部门内的企业，通过生产要素转移向资本、技术密集型企业过渡，提高产业附加值，以及微观企业内部的技术进步和创新带来的生产效率和企业价值的提高；三是全球价值链视角下的产业升级，即嵌入全球价值链的企业不断提高增加值的过程。其中，对于本研究中重点关注的全球价值链视角下的产业升级的具体含义，接下来在"产业升级与全球价值链"中会展开更加详细的论述。

二、产业升级与全球价值链

（一）全球价值链理论的演变

20 世纪 80 年代，伯特（Porter，1985）在论述企业竞争优势时首次提出了"价值链"概念。伯特认为，每一家企业正常运行既包括基本生产经营活动，又包括辅助生产经营活动。基本生产经营活动都包括产品设计、生产、营销和产品服务等；辅助生产经营活动包括采购原材料、技术创新、人力资源管理等。这些生产经营活动构成的动态的富有创造价值的链条称之为价值链。并且，伯特突破了公司界限，将价值链理论扩展到不同企业之间的经济联系，即对企业内部价值链和外部价值链作出区分。他指出由于企业与供应商、分销商和消费者等存在着紧密联系，因此不仅企业内部存在价值链，上下游关联的企业与企业之间同样相互连接构成了价值链条。

可以看出每个公司都处于由多个价值链构成的价值体系之中，每一条价值链上也嵌入了多个公司参与生产、经营、销售。因此，企业之间的竞争不再是企业内外部某个价值链环节的竞争，更是整条价值链体系的竞争（Porter，1990）。企业通过内外价值链比较获得竞争优势，这一概念的提出正是全球价值链概念产生的基础。进一步，伯特（1990）将企业战略和竞争力的研究扩展到产业和国家层面，从而总结出国家竞争优势的相关理论，将一国的竞争优势的决定因素概括为生产要素比较优势、需求结构、企业的策略以及上下游产业效率四个方面（吴有必，1994；林毅夫和李永军，2003）。

在上述价值链概念的基础上，科格特（Kogut，1985）利用价值链对国际商业战略进行研究，研究表明国际商业战略是着眼于企业竞争能力和国家间的比较优势进行设定的，国家之间比较优势的地位决定了该国在价值链各个环节中的位置，也决定了各个国家在价值链不同环节上的配置。科格特认为，一个企业的全球商业战略的设定正是价值链上各个环节在全球空间的配置过程。同伯特强调单个企业竞争优势的价值链理论相比，这一观念更加体现了价值链在全球范围内的空间配置和垂直分离，对于全球价值链理论的最终形成具有至关重要的意义。在科格特这种"片段化"价值链理论的影响下，许多发达国家开始把技术含量和附加值较低的环节分离出去，从而也使发展中国家能够通过这些环节参与全球价值链分工。

进入到 20 世纪 90 年代，经济全球化和第三次科技浪潮迅速迭起，国际贸易和跨国投资得到进一步扩张，与此同时催生出了由跨国公司主导的全球生产网络体系。20 世纪 90 年代，格里芬（Gereffi，1999）通过研究跨国公司主导的生产体系形成全球商品链理论。全球商品链（global commodity chain，GCC）的含义是围绕某一商品生产而形成的跨国生产组织网络体系。该体系包括原材料采购、半成品生产加工、运输、营销和最终消费等流程。并且，格里芬（Gereffi）在研究过程中发现这些商品链背后都是由一个或几个领导型跨国公司企业发挥着主导支配作用，根据领导型企业的角色类型，进而将全球商品链归结为两种类型：一是由生产者驱动型商品链（多为汽车和飞机制造业、计算机产业、半导体行业等资本和技术密集型产业）；二是购买者驱动型商品链（多为农产品、服装、家具和玩具制造业等用户驱动型产业）。格里芬提出的全球商品链理论对全球价值链理论的发展具有里程碑意义，加之后续学者们围绕此概念展开的相关研究，为进一步明晰全球价值链的运行机制和治理结构奠定了基础。相较于伯特的价值链理论，商品的地理空间维度在全球商品链理论中显得更为重要。但与此同时，许多学者通过后续研究指出了全球商品链理论存在的局限性，即全球商品链重点突出了"商品"概念，而忽视了企业在链条中的价值创造和获取（张向阳和朱有为，2005；彭绍仲等，2006；汪斌和侯茂章，2007；乔小勇等，2017）。

进入 21 世纪，在吸收和借鉴了价值链理论和全球商品链理论的基础之上，全球价值链的理论及其框架逐渐建立起来。2002 年，联合国工业发展组织（UNIDO）给出全球价值链明确的定义。全球价值链指的是在实现商品或服务价值的过程中，连接的生产、销售和回收处理等多个环节的全球性企业网络。不仅涉及原材料的采集、购买运输，半成品和成品的生产和分销，最终产品和消费的回收和处理的过程，而且还涉及参与各个环节的企业生产和组织活动，并就其价值和利润进行分配。之后，格里芬等（Gereffi et al.，2005）通过对自行车、服装、园艺和电子四个行业的案例研究，同样提出了全球价值链的概念，强调价值链上各个环节的价值创造和获取，从而突破了其自身全球商品链理论的局限性。

此后，随着全球一体化和贸易一体化的不断发展，全球价值链出现垂直化分工和再构，由此引发的一系列现象级变化引起国内外学者的广泛关注，纷纷围绕全球价值链展开研究，全球价值链的概念和理论框架不断完善起来。在当今时代，全球价值链理论依然成为跨国公司和各个经济体制定经济发展政策的理论支撑。一些学者对全球价值链条中的驱动力进行研究，这些研究基本延续了格里芬（Gereffi，1999）对生产者驱动和购买者驱动两种类型商品链的区分。张辉（2004）利用全球价值链理论对我国应当如何应对全球产业转移和竞争进行研究，研究指出由生产者和购买者两个方面构成了全球价值链的驱动力，其中前者的驱动指的是生产者投资推动市场需求，从而增加市场供给，形成全球分工体系。作为投资主体的生产者可以是提高市场份额占据技术优势的跨国公司，也可以是谋求自身经济发展、加强工业自主化的一国政府；而采购者驱动是指具备品牌优势和销售渠道的经济体，凭借全球性的采购同原始设备制造商（OEM）等生产组织相联系，建立可以实现跨国合作流动的网络架构，最大化发挥全球各个国家（地区）的比较优势，尤其是通过市场需求拉动出口导向型发展中国家的发展，增加各国（地区）全球价值链和全球市场的参与度。并且，张辉（2006）通过对全球价值链动力机制和产业发展策略的进一步研究，将全球价值链的动力机制划分为三种类型，即生产者驱动型、购买者驱动型以及混合型，其中，混合型是指一种介于购买者驱动和生产者驱动之间的中间模式。中间模式分别具备购买者和生产者的驱动价值链特征。例如，互联网行业的核心竞争力源于其操作系统、CPU 等，但同时也不能忽视联想、苹果和戴尔等企业在流通环节的重要作用，因此 IT 行业可以被视为兼具生产者和购买者驱动价值链特征的中间类型。张辉（2004，2006）对于全球价值链动力机制作出的划分一直被沿用到今天国内外学者们的后续相关研究中（池仁勇等，2006；Crestanello and Tattara，2011；乔小勇等，2017；魏龙等，2017）。

同时，一些学者对全球价值链分工的利益来源进行探索。学者们首先对全球价值链分工的概念进行明晰，当今时代，伴随着国际市场经济体制的日益完善，生产和资本的全球化趋势日益增强。通过全球价值链，处于主导地位的厂商会根据不同地区的要素禀赋进行产品价值链环节的跨地区垂直专业化分工布局，从而使传统的以国为界限的国际分工，逐渐转化为同一产品内部的工序和环节的国际专业化分工，即全球价值链分工。值得注意的是，国内外许多学者对于这种新型分工形式的叫法并不一致，譬如一些学者将"全球价值链分工"称为垂直专业化分工（Hummels et al.，2001；张小蒂和孙景蔚，2006；沈国兵和于欢，2017），一些学者称之为产品内分工（Feenstra，1998；卢锋，2004；戴翔和金碚，2014），另有一些学者称之为要素分工（Yi，2003；张二震，2005；Wong and Eng，2013；金京等，2013；张雨等，2020）。由于这些叫法均存在不同程度的局限性，因此越来越多的学者将这种新型分工形式称为"全球价值链分工"，本研究正是采用了这种叫法。

通过对全球价值链分工利益来源进行探索，曹明福和李树民（2005）提出全球价值链分工既包含中间产品的进口，也包含最终产品的出口，因此认为全球价值链分工的利益不仅来源于分工本身所产生的利益，即"分工利益"；同样来源于由分工引发的国际贸易所产生的利益，即"贸易利益"。其中，由于规模经济和比较优势的存在，全球价值链分工后的产品世界总平均生产成本将下降，因此分工利益来自比较优势和规模经济；而贸易利益则来自价格倾斜优势，即由于一些国家在全球价值链分工中处于领导地位，另有一些国家处于从属地位，因此分工地位的不平衡导致了价值链各个环节在整个产品价格中所占比重的失衡。最终，全球价值链分工中的利益分配不断向处于主导地位的发达国家倾斜。由此，曹明福和李树民（2005）认为参与全球价值链分工的国家均能获得分工利益，但分工中处于从属地位国家的贸易利益面临着被挤占甚至受损的情况。基于此，一些学者对全球价值链分工下利益分配机制展开进一步研究，指出了这种利益分配机制潜在的风险和问题所在。聂聆和李三妹（2014）利用1995～2011年全球投入产出数据和40个国家（地区）的社会与经济统计面板数据，研究全球价值链利益分配机制对中国制造业竞争力的影响，结论指出，虽然中国制造业在全球价值链中获得的增加值收入位居世界第一，但同发达国家相比，知识密集型制造业对中国在分工中获得的附加价值偏低，依旧位于全球价值链的低附加值环节，亟须提高竞争力。张二震等（2020）同样利用跨国面板数据进行分析，并且构造了能够代表利益分配失衡程度的偏离度指数，实证结果显示利益分配失衡程度越高时，其对经济增长绩效产生的负向效果越为显著。因此，在全球价值链分工日益深化的今天，"共赢"对经济增长的重要性日益凸显，无论是在全球价值链中处于主导地位的发达国家，还是处于从属地位的发展中国家，的确出现了"一荣俱荣，一损俱损"的情况，也可以称之为"牵一发而动全球"。

在此基础上，一些学者对全球价值链的治理展开了相关研究。通过上述论述，可以明确全球价值链条中的各个价值环节并非创造等量价值。事实上，位于全球价值链的战略环节才会享有高附加值，从而真正掌握整条价值链甚至整个行业，拥有该环节的最大话语权，成为全球价值链的治理者（张辉，2004；Gereffi et al.，2005；Pietrobelli and Rabellotti，2011）。1992年，宏碁集团创始人施振荣提出了"微笑曲线"的概念——若以横轴表示产品生产环节在整个价值链条中的位置，纵轴表示该环节所创造的增加值（利润率），可以绘制出一条"微笑"形状的曲线。或者说，在"研发—制造—营销"这样一个价值链条中，增加值（利润）会向研发和营销两端环节集中，同时中间制造环节的增加值（利润）出现下沉，处于价值洼地。因此，发达国家或一些跨国公司凭借自身优势占据了价值链两端的枢纽环节，从而决定了全球价值链的利润分配并获得了绝大部分价值，是全球价值链的治理者（Humphrey and Schmitz，2002；张辉，2006）。

（二） 全球价值链分工推动产业升级的作用机制

在全球价值链分工背景下，不同经济体之间的要素流动和中间产品贸易带来了知识和技术的溢出，因此产生了一系列资源优化配置效应，最终能够推动全球价值链分工的参与者实现产业升级。具体而言，嵌入全球价值链分工助推产业升级的作用机制可以主要有三种，即产业迁移效应、产业集聚效应和外向配套效应。

一是产业迁移效应。全球价值链分工的突出特征是要素的国际流动和价值链条各个环节在全球空间的分解，这种价值链条各个环节的垂直分解，实质上是由发达国家作为全球价值链治理者所主导的价值链各个增值环节的梯度转移过程，即产业迁移。需要明确的是，产业迁移的具体形式既包括产业在国际范围内的梯度转移，也体现为对 FDI（外商直接投资）的吸引（张少军和刘志彪，2009；马云俊，2010）。产业迁移效应下的产业升级包括两层含义：一是在同发达国家存在着较大技术差距的前提下，发展中国家凭借着丰富而廉价的生产要素和劳动力等比较优势承接来自发达国家的产业转移，从而为发展中经济体提供了融入全球价值链分工的机遇，使中国等发展中经济体能够实现新产业的建立及迅速扩张（余东华和田双，2019）。但值得注意的是，嵌入全球价值链的发展中经济体主要承接的并非是价值链条中的核心环节，大都是加工贸易型生产活动；二是依照前文所述的序贯式升级模式（Kaplinsky and Morris，2001），发展中经济体承接来自发达国家转移的产业后，通过吸收 FDI 以及学习、模仿和吸收来自发达国家先进企业和技术、生产组织流程、管理能力等经验，能够实现不断的学习和追赶，从而完成从简单加工贸易到自主生产再到生产自己独创品牌的转变，即从 OEM 到 ODM 再到 OBM 的转变。学者们将这一过程概括为全球价值链的外溢效应（Baldwin and Lopez - Gonzalez，2013；田巍和余淼杰，2014；罗伟和葛顺奇，2015）。由此，产业转移效应为发展中经济体提供了追赶和超越发达国家的机遇，使发展中经济体能够不断向"微笑曲线"两端攀升，即从全球价值链低端环节向中高端环节攀升。最终，融入全球价值链的发展中经济体将实现本土企业的产业升级（金京等，2013）。

二是产业集聚效应。由于要素密集度呈现出明显的地域性，因此在全球价值链分工体系下同种要素偏向型的价值链环节同样呈现出地域集中性，即产业集聚。克鲁格曼（Krugman，1991）研究发现，产业集聚能够实现规模经济和节约运输成本，并且有利于各企业之间技术的扩散和外溢。金京等（2013）指出，全球生产体系具有两个重要特点，一是要素密集度不同的各个价值增值环节在全球地理范围内的分散性；二是具有相似要素密集度偏向的环节在全球地理范围上的集中性，因此一些具有相似要素偏向的价值增值环节形成了产业集聚现象。并且在我国产业集聚现象在东部沿海地区更加显著，尤其中国在改革开放后利用开发区吸引了大量国外直接投资（FDI）和国家产业转移，从而吸引了大批上下游关联企业入驻，形成了江苏昆山精密机械制造和深圳通信电子等众多产业集群。进一步，金京（2013）指出，产业集聚存在着知识外溢、逆向工程和人员流动三种知识和技术外溢机制，从而正向作用于产业升级。袁冬梅和魏后凯（2011）在新经济地理学框架下，利用1995~2009年我国升级面板数据实证分析了对外开放促进产业集聚的作用机制，研究发现参与全球价值链分工通过 FDI 的大量引进和出口贸易的迅速扩张的确促进了我国产业的集聚。陈建军和胡晨光（2008）利用1978~2005年我国长江三角洲地区的面板数据对产业集聚效应进行实证研究，研究发现产业在空间范围内的集聚不仅可以改善当地居民的生活和就业水平，还能够增强区域竞争力，促进聚集地的技术进步和产业升级。彭向和蒋传海（2011）利用我国1999~2007年工业行业的面板数据进行实证研究，指出距离是知识溢出的一大阻碍，但产业集聚恰好打破了知识溢出的空间局限性，使大量的劳动人口和企业聚集到同一地理范畴，从而知识能够在聚集区域内迅速传播，因此产业集聚对创新和产业升级具有正向推动作用。

三是外向配套效应。在全球价值链分工的背景下，外资企业在本土的大量入驻催生了本土上下游企业建立与发展，从而这些企业能够为外资企业提供其所需要的中间产品就可以称之为外向配套。这些本土企业与已经入驻的外资企业存在着不同程度的前向或者后向联系，学者们将这些企业称为外向配套企业（徐维祥和朱恒福，2010）。因此，为入驻本土的外资企业进行外向配套成为本土企业嵌入全球价值链的重要方式。余东华和田双（2019）指出，外向配套这一过程主要通过外资企业的技术外溢效应和配套竞争效应推动本土产业升级。其中，技术外溢效应包括主动和非主动外溢两种方式。主动外溢效应的含义是外资企业出于对中间产品质量、外观等方面的要求，主动向对其进行外向配套的本土企业进行员工培训或提供技术指导；非主动外溢指的是当本土企业进行外向配套生产时，对相应的外资企业进行观察学习，从而实现知识技术的吸收甚至创新的活动。而配套竞争效应则指的是，进行外向配套的本土企业为了在同与其相似的企业进行竞争时建立竞争优势和巩固配套地位，从而不断提高自身研发能力和产品质量从而规避竞争的行为（吕越等，2018）。由佩勒托（Peretto，2003）指出，当企业面临市场中的潜在竞争者时，将不断主动参与研发创新来降低生产成本和产品价格，以此规避竞争，保持及扩大现有市场份额。阿吉翁等（Aghion et al.，2009）的研究也得出了类似的结论。

（三）全球价值链下发展中国家产业升级面临的困境

然而近年来许多研究显示，发展中经济体嵌入全球价值链后，其产业升级并没有达到上述预期的积极效果。国内许多学者指出，按照前文所述的序贯式产业升级模式，目前中国的绝大多数产业尚处于前两个发展阶段，中国嵌入全球价值链的产业升级之路仅走完了相对比较简单的"一半"（魏龙和王磊，2017；吕越等，2018；罗伟和吕越，2019）。尽管中国是当今全球制造业规模最大的国家，但与一些发达国家相比，我国制造业仍然缺乏核心技术，处于大而不强、产品质量良莠不齐的发展阶段。在全球价值链分工中，我国由于缺乏核心技术很容易被占据主导地位的国家掣肘于低端环节，面临着"低端锁定"的尴尬境地（卢福财和胡平波，2008）。总体来说，导致发展中经济体面临全球价值链"低端锁定"的因素可以归结为两个方面：

一是发展中经济体本土企业对技术溢出的吸收能力较弱。一国本土企业技术水平的落后可能会导致其不能充分吸收全球价值链中技术外溢，甚至当本土企业的吸收能力远远达不到有效吸收的门槛值，则无法将技术外溢进行有效吸收，也无法转化为自身生产能力，因此可能陷入"低端锁定"的困境。凯勒（Keller，2001）指出，全球价值链上不同国家的不同企业对价值链各个环节技术外溢的吸收能力各不相同，一国人力资本水平越高则其对于技术外溢的吸收能力越强。同样，谢建国和周露昭（2009）运用1992～2006年我国的面板数据实证研究了我国在进口贸易中国际研发（R&D）的技术溢出效果，研究发现作为吸收能力的代理变量，人力资本水平差异代表了我国各区域技术吸收能力的不同，显著影响了国外R&D的技术溢出效果。类似地，吕越等（2018）利用是否申请专利和专利申请的数目分别作为被解释变量，用以衡量企业的研发创新水平，以本土企业的人力资本水平作为核心解释变量，并且纳入人力资本水平和全球价值链嵌入度的交互项，利用2000～2006年的面板数据进行回归。回归结果显示，本土企业的人力资本水平吸收能力，与本土企业的研发创新能力存在着显著的正相关关系，即本土企业的吸收能力越高，则能够将技术外溢吸收转化为自身研发创新的能力越强。同时，吕越指出本土企业对技术外溢进行吸收时存在着一个有效门槛值，当企业未达到这个门槛值时，则其无法对技术外溢进行有效吸收转化。回归结果显示，**现阶段我国人力资本水平较低，许多企业并未达到吸收能力的门槛值，即不能对全球价值链中的技术外溢进行有效吸收**，因此阻碍了全球价值链技术外溢效应的有效发挥。余东华和田双（2019）同样发现，由于我国对技术外溢的吸收能力尚且有限，因此无法完全学习和吸收全球价值链研发设计等高端核心环节的技术溢出，从而阻碍了我国本土企业的创新和升级活动。由以上论述可以发现，只有当本土企业成功跨越吸收门槛后，才能充分吸收和转化技术外溢带来的知识和技术，并且吸收能力越高，全球价值链技术溢出带来的积极效应也就越显著。

二是来自发达国家的"俘获效应"。已有的研究显示，一个经济体在其发展的初期阶段的确可以依赖自身资源禀赋优势寻求发展，但是长期来看，经济体发展的这一阶段不能固定化为其永久的国际角色，否则这一经济体将容易被俘获于低级的经济发展阶段（刘骏民和刘晓欣，2016）。事实上，发展中经济体在最初的确凭借其丰富而廉价的要素禀赋优势获得了嵌入全球价值链的机遇，大量承接了来自发达国家的加工制造环节。但是发展中经济体出口的产品多为具有低成本优势的劳动密集型产品，长此以往，这种嵌入模式容易导致发展中经济体被全球价值链中占据主导地位的发达国家或厂商所俘获。刘维林等（2014）利用2001~2010年我国27个制造业部门的面板数据实证检验了国外附加值率对我国制造业出口技术复杂度的影响，实证结果显示，来自发达国家的国外附加值率对我国制造业存在着显著负向影响，从而使我国陷入"低端锁定"的困境。并且研究指出，发达国家的确凭借其在全球价值链分工中所占据的有利地位，形成了挤压发展中经济体本土企业自主研发能力和资金来源，进而使其产生技术依赖的治理结构。郝凤霞和张璘（2016）同样发现，在这种俘获型的全球价值链分工模式下，我国逐渐成为"世界工厂"，从事着低技术含量的生产加工、组装和原料加工工作，而主导着研发、设计和售后等高附加值价值链环节的发达国家则获得了全球价值链上的绝大部分利润。阿吉翁等（Aghion et al.，2009）指出，来自发达国家俘获效应强弱的关键取决于发展中经济体本土企业与世界技术前沿的距离。吕越等（2018）通过实证研究发现，在企业全球价值链嵌入度不变的前提下，中国本土企业距离发达国家的技术前沿水平越近，则中国在从全球价值链的中低端环节不断向上攀升的过程中所面临的来自发达国家的阻碍作用越强，即低端俘获效应越强。而这种俘获型网络容易将中国等发展中经济体锁定在低附加值的生产制造环节，并且发展中经济体凭借自身能力难以突破这种困境（刘志彪和张杰，2007）。

此外，发展中国家参与全球价值链分工所凭借的比较优势并非一定是连续的，而是存在"断档"的可能性（张其仔，2008）。譬如，相关研究指出一方面中国正处于从中等收入向高收入迈进的阶段，加之教育红利释放、房地产价格上升等因素，导致中国各方面要素成本上升；另一方面中国的第一次人口红利的机会窗口已经越来越小（蔡昉等，2001；汪小勤和汪红梅，2007）。因此中国依托丰富而廉价的劳动力等比较优势参与国际分工的机会窗口已经越来越窄，中国劳动密集型产业不得不面对来自低收入国家的挑战，从而对我国传统行业的产业升级产生了负向影响。

由以上论述可知，嵌入全球价值链对发展中经济体产业升级的影响取决于各种正向因素和负向因素的综合作用。只有当正向因素的作用效果大于负向因素的负面效果时，融入全球价值链才能顺利推动经济体实现产业升级。

三、产业升级测度的相关研究

对应于三种类型的产业升级概念，学者们主要从产业结构升级、全球价值链升级两个层次出发，对产业升级进行了测度。

（一）产业结构视角下的产业升级测度

首先是对产业结构升级的测度。目前学术界对于产业结构升级的主要测度指标集中于三次产业结构比例的变化，国内一些学者从产业产值份额这一数量角度来度量三次产业结构的演进。马鹏和肖宇（2014）利用 2000～2012 年 G20 国家的跨国面板数据实证研究了服务贸易出口技术复杂度对 G20 国家产业升级的影响，通过第二产业产值在 GDP 中所占比重与第三产业产值在 GDP 中所占比重之和作为衡量产业升级指标这一被解释变量的具体指标。崔志坤和李菁菁（2015）则认为，产业结构升级的直接表现是产业结构服务化，因此运用第三产业增加值与第二产业增加值之比来衡量产业结构升级。王立勇和高玉胭（2018）同样采用第三产业增加值与第二产业增加值之比来衡量被解释变量产业结构升级，同时还使用第三产业增加值在 GDP 中所占份额作为衡量产业结构升级的指标进行了稳健性检验，并提出了一种新的产业结构升级度量指标，即 $IS = \sum_{j=1}^{3} y_j \times j, 1 \leq IS \leq 3$。其中，$y_j$ 表示第 j 产业产值在 GDP 中所占份额。IS 越接近 1 则代表产业结构层次越低，IS 越接近于 3 则代表产业结构层次越高级。

另有一些学者从产业增加值和附加值角度出发，测度了三次产业结构的升级演进。安苑和王珺（2012）利用 1998～2007 年我国各省份的面板数据实证研究了地方政府的财政行为波动对产业结构升级的影响，研究认为当某一省份技术复杂度越高的产业在该省份工业总产值中所占的比重相对下降时，表示该省份产业结构升级比较困难。其中，技术复杂度的度量方式为"1－赫芬达尔指数"，某产业使用中间产品数量的赫芬达尔指数为通过投入产出表计算所得。毛军和刘建民（2014）使用 2000～2012 年中国工业企业数据库，通过构建多因素面板平滑转化模型（PSTR）实证检验了财税政策对我国制造业产业升级的非线性影响。在此过程中，通过计算反余弦函数将三次产业增加值同时纳入考量，构建了对于被解释变量产业结构升级的测度指标。同样，宋凌云和王贤彬（2013）采用增加值份额增长率和就业人数份额增长率两个指标衡量了产业结构升级的速度，相应指标越大则产业结构变动的速度越快。

在此基础上，一些学者进一步指出产业结构转型升级具体表现为产业结构的高级化和合理化（Krüger，2008）。其中，产业结构高级化是指产业结构从低级形态向高级形态的转变，产业结构合理化是指各个产业的比例关系和协调程度。通常学者们使用三次产业劳动生产率的加权平均数来衡量产业结构高级化程度，其中，劳动生产率的计算方式为产业总产值与产业从业人数之比；产业合理化程度的测度指标则为泰尔指数（赵云鹏等，2018；袁航和朱承亮，2018；刘程和王仁曾，2019）。

可以发现，以上文献集中于通过三次产业结构比例的变化来对中国的产业升级进行测度，均停留在产业间层面展开研究。之后，一些学者在此基础上开始对产业内结构升级进行测度，冯根福等（2009）利用面板数据分析了我国股票市场的审批制和核准制两种融资模式对于我国产业结构升级的影响，他提出产业结构升级包括两层含义：一是在经济增长过程中第一产业所占比重显著下降，同时第二产业所占比重显著上升，第三产业略有上升；二是产业形态不断由低级向高级、由劳动密集向资本和技术密集型、由低劳动生产率和低附加值向高劳动生产率和高附加值不断演进。因此在将各地区三次产业增加值占当地 GDP 的百分比作为衡量产业结构升级指标的同时，冯根福等还运用高新技术产业附加值和产业高加工系数，对于制造业内部的产业升级进行测度。苏杭等（2017）通过全要素生产率对我国制造业产业升级进行测度。一些学者还利用资本和技术密集型行业产值在整个制造业部门产值中所占比重来测度制造业内部的产业升级，以及通过第三产业中的仓储邮政业、房地产行业、交通运输行业和金融业产值所占比重，对第三产业内部向生产性服务业转型升级的趋势进行测度（汪伟等，2015；蔡海亚和徐盈之，2017；张权，2018）。

（二）全球价值链视角下的产业升级测度

随着全球价值链理论的建立与不断完善，越来越多的学者开始对全球价值链视角下的产业升级进行测度，现有研究的测度主要集中在全球价值链嵌入位置和全球价值链参与程度两个方面，主要测度指标包括出口技术复杂度、出口国内增加值率、垂直专业化率和上游度指数等，以上指标的提升均能代表全球价值链视角下产业升级的顺利推进。

一些学者从出口技术复杂度出发对全球价值链视角下的产业升级进行测算，认为产业技术复杂度能够衡量一个经济体在全球价值链中所处的位置以及价值获取能力。豪斯曼等（Hausmann et al.，2007）最早提出通过出口技术复杂度可以衡量一个经济体全球价值链中所处的地位。国内外众多学者基于此，分别构建了一国出口产品和产业的技术复杂度指标，以此来衡量该经济体的产业升级状况。其中，技术复杂度的不断提高表示该经济体正在经历着产业升级（Saurabh et al.，2006；Mishra，2011；李强和郑江淮，2013；马鹏和肖宇，2014；Katharina and Stephan，2016；刘斌等，2016；李杨等，2017；王思语和郑乐凯，2019）。在这些文献中，出口产品的技术复杂度计算方式如下：

$$\text{PRODY}_{ji} = \sum_j \frac{\dfrac{x_{ji}}{X_j}}{\sum_j \dfrac{x_{ji}}{X_j}} Y_j$$

具体来说，$PRODY_{ji}$ 表示 j 国 i 类细分产品的出口技术复杂度，x_{ji}/X_j 代表 j 国 i 类细分产品的出口值占所有产品出口值的比重，Y_j 代表 j 国人均收入水平。进一步，由产品出口技术复杂度可以计算得出整个行业的出口技术复杂度：

$$ESI_{jm} = \sum_i \frac{x_{ji}}{X_{jm}} PRODY_i$$

其中，m 代表 j 国的 m 产业。

一些学者通过出口国内增加值率对某一经济体在全球价值链中所处的地位进行测算，进而对全球价值链视角下的产业升级进行测度。蒋含明和曾淑桂（2018）提出，附加值能够体现出企业在全球价值链中的议价能力和利润分配能力，因此能够代表一个经济体在全球价值链中所处的分工地位和向上攀升能力。而工业增加值率的高低能够直接反映出企业对中间品的消耗及投入产出的效益，工业增加值率越高，则对应行业的附加值和盈利能力越高（杜宇玮和周长富，2012）。

但是对于出口增加值率（DVAR）的具体计算方式，在国内外的不同研究中存在着一定差别。胡梅尔等（Hummels et al.，2001）指出中间产品和原材料的进出口贸易已经成为跨国贸易的重要组成部分，并且首先提出了"垂直专业化程度"的概念，垂直专业化程度（VSS）具体是指在一个经济体的总出口中，进口中间产品所占的价值与该经济体出口产品的总价值之间的比率。而"垂直专业化程度"正是后来诸多学者提出的出口国内增加值率渊源所在。库普曼等（Koopman et al.，2010）进一步明确，处在全球价值链下游的国家往往更多的是直接使用其他经济体提供的中间产品进行加工组装，而处在全球价值链上游的经济体则倾向于为其他经济体出口中间产品。因此，一经济体的垂直专业化程度体现了该经济体的总出口中所包含的国外附加值，通过垂直专业化程度可以测算该经济体在全球价值链中的位置。库普曼等（2012，2014）通过将投入产出表拆分为一般贸易和加工贸易两种类型，利用中国的面板数据进行计算，提出了宏观层面计算出口国内增加值率（DVA）的具体方法，出口国内增加值率越高，表明该经济体越倾向于通过为其他经济体提供中间品嵌入全球价值链，从而越处于价值链的上游环节。后来学术界将库普曼这种测算出口国内增加值率的方法称为"KWW"方法，这种方法被学术界广泛沿用至今。例如，戴翔和刘梦（2017，2018）基于库普曼等提出的出口国内增加值率的测算方法，构建了一个经济体产业的价值链定位指数。一些学者在KWW方法的基础上进行改进，将某一经济体所生产的全部产品增加值进行前向关联分解和后向关联分解，并且重点考虑了后向价值链关联的增加值测算，即从需求者的视角进行分解，此时一个经济体（行业）的产品出口包括直接来自其自身的增加值出口，以及来自其上游经济体（行业）的增加值出口（Wang et al.，2013；程大中，2015；吕越等，2016）。

可以看出，上述对出口国内增加值率的计算方式均是基于宏观层面。基于此，阿普沃斯等（Upwards et al.，2013）将海关数据库和中国工业企业数据进行合并，首次转向微观企业层面对出口国内增加值率进行测算，过程中阿普沃斯等将企业类型区分为加工贸易型和一般贸易型企业，并假定前者进口的中间产品最终全部流入出口，而后者则可以用于国内消费或流入出口。通过这种方法得到的企业层面出口国内增加值率要高于库普曼等宏观层面进行测算所得（Upwards et al.，2013；高翔等，2019）。之后，学者们对企业层面出口国内增加值率的测算方法作出了不同层面的改进，如识别贸易中间代理商，考虑资本品折旧等（张杰，2013）。

同时，一些学者通过上游度指数对某一经济体的全球价值链嵌入位置进行测算（魏龙和王磊，2017；李扬等，2017；高翔等，2019；王振国等，2019）。上游度指数（UI）由安特拉斯等（Antràs et al.，2012）最早提出，具体含义是在一个经济体中，某一行业生产的产品与最终产品之间的距离。该指数越大，说明该生产环节越位于价值链上游位置。通过上游度指数，不仅可以计算一产业部门在全球价值链中的位置，类似地也能够计算出企业和经济体在全球价值链中的位置（肖宇等，2019）。

　　另有一些学者从价值链参与程度的角度对全球价值链下的产业升级进行测度，他们认为一个经济体价值链参与程度的提高意味着其产业升级能力的提高。基于序贯式产业升级模式的四个阶段，工艺流程升级可以通过生产率的提升进行测度；产品升级可以通过产品出口竞争力的提高（包括产品质量、产品技术复杂度等）进行测度；功能升级可以通过创新能力的提高进行测度；而价值链参与程度的提高则最终代表了经济体或者企业在全球价值链中跨产业升级能力的提升。对于全球价值链参与程度，学者们多基于胡梅尔等（Hummels et al.，2001）提出的垂直专业化率进行测度，垂直专业化率即出口中的国外增加值在总出口中所占的比重。垂直专业化率的提高，意味着价值链参与程度的不断加深（李静，2015；刘斌等，2016；吕越和王晓旭，2017）。

　　此外，一些学者从其他角度对全球价值链下的产业升级进行测度。如张少军和刘志彪（2013）通过内资企业和外资企业之间劳动生产率的差距对内资企业的产业升级进行测度。陈明森等（2012）通过构建企业品牌的区域影响力指标，对我国制造业的产业升级进行测度。同时，刘斌等（2015）通过构建衡量出口产品质量的指标来测度我国产业升级。

第三节　房地产价格对产业升级影响的相关研究

一、房地产价格与经济结构

　　房地产市场与经济发展关系密切。股票市场的价格波动一直以来是宏观经济发展状况的先行指标，而有大量文献证明股票市场和房地产市场存在一定程度上的协整关系（Chaudhry et al.，1999），因此，房地产市场也可以有针对性地反映出宏观经济的发展现状（Pholphirul et al.，2009）。凯斯等（Case et al.，2000）曾提出房地产价格波动是经济周期波动的加速器，日本房地产泡沫、2008年全球性的经济危机以及东南亚房地产泡沫都验证了经济危机发生之前房地产市场价格都经历了大幅下降和房地产市场泡沫的破裂。因此，比斯平等（Bisping et al.，2008）指出房地产市场投资和非房地产市场投资都会对经济造成影响，但是前者的影响显著大于后者。也有学者更加明确地指出，房地产价格的大幅下跌是判断经济周期即将下行最好的信号（Leamer，2007）。刘晓欣和贾庆英（2015）发现，一方面，我国房地产业GDP占比横纵比较均不突出，虽然对经济的发展有很大的作用，但是并没有达到可以决定经济发展的程度。另一方面，房地产业的增加值占比与发达国家相比也有较大差距，因此也未达到主导产业或支柱产业的产值水平。学者认为投入产出关联显示房地产业会通过多种渠道影响经济增长，基于HEM方法得出的房地产与经济发展之间的关联程度较低，因此房地产业发展对经济的带动效应不强。

（一）房地产价格对实体经济行业的影响

1. 实体经济的定义

实体经济是指一个国家物质产品、精神产品和服务的生产、销售及流通的经济活动，是人类社会赖以生存和发展的重要基础。房地产业最初归于实体经济，但随着房地产改革制度的出现，房地产市场迎来了二十年的繁荣，房屋不但具有居住属性，房地产价格的不断上涨使其兼具了投资属性。房地产作为银行借贷的主要标的物，源源不断的资金流入房地产市场。因此，房地产业不再简单地归属于实体经济领域，其与银行等金融机构日益紧密的联系暗示了房地产本身蕴含了虚拟经济的属性。本文采用美联储对实体经济的定义，即将排除房地产业的物质、精神产品和服务生产的经济活动定义为实体经济。

2. 对实体经济行业的正向影响

早期国内学者对我国房地产泡沫的存在性和发展程度的认识和研

究程度不足，只分析房地产投资和房地产价格大幅上升对国民经济的影响。一部分学者认为房地产投资与经济增长呈现同向相关性，如梁云芳（2006）研究认为房地产投资的冲击性将会对我国国民经济产生 $10 \sim 20$ 年的同向影响，但更长时间跨度的结果不确定。唐志军等（2010）给予变参数的计量经济学模型研究证明我国房地产投资与国内生产总值之间存在长期的稳定的均衡性联系。徐晶（2013）构建弹性退耦模型，考察我国 35 个大中城市的房地产市场。研究证明我国 GDP 退耦系数总体波动上升，且房地产价格与经济增长之间存在同向关联甚至驱动模式。

具体而言，可以将房地产价格对实体经济的正向影响从托宾"q"理论、金融加速器效应、投资者信心效应和流动性效应四个方面进行说明。

（1）托宾"q"理论，阿克洛夫首次将托宾"q"理论应用于房地产领域。阿克洛夫认为房地产价格由其建筑制造成本所决定。因此，房地产价格的大幅上升会刺激更多新的住房被建造，由此拉动房地产市场上下游产业的发展，如建材业、建筑业、钢铁业和化工业等快速发展。

（2）金融加速器效应。伯南克等（Bernanke et al., 1998）首次提出了"金融加速器"效应，主要应用于股票市场。次年将该效应引入到房地产市场，研究发现房地产价格上升增加银行抵押物价值，有利于缓解融资约束，加强资金流动性，促进企业和经济的发展。

（3）投资者信心效应。戴维斯和希思科特（Davis and Heathcote, 2005）通过美国房地产市场的相关数据证明，房地产价格的上涨会促进对房地产市场的投资，而房地产投资与非房地产投资领域相比，对经济周期的引领作用会更加显著。梁云芳、高铁梅等（2006）认为房地产投资可以有效拉动其上下游产业的快速发展。杨俊杰（2012）构建 RBC 模型研究房地产价格波动对宏观经济的影响，研究证明房地产价格的快速上升促使房地产投资增加，短期来看 GDP 的增速会上升。

（4）流动性效应。当金融资源无法达到最优的配置时，微观企业主体往往会通过增加资产价值来规避风险。房地产作为银行信贷主要标的物的特征和其高资产回报率的优点成为微观企业主体提升自身资产价值主要的参考目标。房地产价格的上升使微观企业可以通过获得更多的金融部门信贷额度来投资房地产市场（Miao and Wang，2014），进而来提高自身的抵押负债能力，缓解企业的融资约束，提高资金流动性，促进企业的实体投资（余静文和谭静，2015）。

3. 对实体经济行业的负向影响

有些学者持相反观点，并不认同房地产业发展为实体经济带来正向作用。他们提出房地产价格大幅上涨不利于国民经济长期稳定发展。如圣保罗（SaintPaul，1991）利用内生经济增长模型证明房地产作为我国典型的投机性资产在产生泡沫时会将储蓄笼络到房地产市场，从而对生产性投资带来显著的挤出效应，长期来看不利于经济的持续性增长。余泳泽和张少辉（2017）利用中国房地产市场相关数据研究也得出相似的结论。吴海民（2012）研究认为房地产价格上涨可能会导致"产业空心化"和实体经济的空心化。许宪春（2015）认为房地产市场过热会对实体经济产生"抽血效应"，还会进一步引发房地产价格上涨，形成恶性循环。布勒克和刘（Bleck and Liu，2018）建立两部门一般均衡模型，区分不同部门的金融摩擦程度。研究证明当信贷扩张时，金融摩擦程度较小的部门（房地产业）会吸引更多资本流入，金融摩擦程度较大的部门（实体经济部门）的信贷就会被挤出。查克拉博尔等（Chakrabort et al.，2018）通过研究美国房地产市场发现，房地产价格上升促使银行将资金多倾向于房地产抵押贷款，而一定程度上减少了商业贷款的拨放，因此对实体经济产生负面的挤出效应。

4. 对实体经济行业的非线性影响

随着国内外研究房地产泡沫领域的文献不断增多，越来越多的学者从多种层面分析房地产泡沫在实体经济领域各行业领域的传播以及对上下游产业的影响，并从中发现房地产价格上升给经济带来的非线性影响。伯恩斯·格雷伯勒（Burns Grebler，1977）证明房地产投资与国内生产总值的比值与经济发展之间存在非线性的关系。苗和王（Miao and Wang，2014）通过泡沫理论证明房地产等资产泡沫对经济存在信用缓解效应和挤占效应两方面的作用，但房地产泡沫对国民经济的整体效应需要进一步讨论。房地产市场与宏观经济之间的关系是复杂的，不能从一个角度一概而论。因此，有学者尝试利用理想化的数学模型来进一步揭示二者之间紧密的联系。金姆和鞠（Kim and Ju，2003）通过 CGE 模型对二者的关系进行探索，实践证明，房地产价格的上涨虽然能够在一定时期内带动经济增长，但长期来看会导致收入分配失衡，资源错配，最终导致社会总体福利下降的弊端。

国内学者也积极地探寻二者之间的关系。房地产的发展一定程度上可以带动经济增长，但带动作用往往被高估。刘晓欣和贾庆英（2015）认为房地产市场的过度发展对经济结构有负面作用，不宜作为经济增长的引擎。房地产的平稳发展能够平抑通货膨胀、促进消费和实体企业的投资，但房地产价格增长过快和偏离实体经济将带来银行系统的不稳定，挤出消费和投资，不利于经济的平稳增长。

原鹏飞等（2010，2012）利用静态模型考察我国房地产市场对宏观经济的影响，研究发现房地产价格的过快上涨对国内总产出及就业的影响带动效应较大，但是相对于等量房地产价格下降所带来的负面效应来说，负面影响的冲击会大于正向的带动效应。骆永民等（2012）也得出类似的结论，作者基于 DSGE 模型分别研究了短期和长期房价波动对经济的影响，研究发现短期内，房价适度上涨对经济的负面作用会逐渐消化甚至最后将转化为对经济的正向拉动作用，但若房地产价格上涨的幅度超过一定数值，将会直接对经济产生不可逆转的负向抑制作用。

段忠东（2012）运用门槛效应模型研究房地产价格上涨对宏观实体经济的影响，研究证明当房地产价格上涨适当的幅度时，对经济具有正向影响；当房价上涨幅度超过门槛值，将会对经济发展起到明显的抑制作用。李畅等（2013）认为目前我国房地产投资可以有效促进制造业的发展，但这种促进效应呈现出"倒 U 型"且趋近于拐点处，这意味着如若超过该临界值，房地产投资将会与制造业的发展呈现负相关影响。沈悦和董鹏刚（2018）运用门槛模型验证了房地产价格波动与经济增长之间存在以房地产投资规模为门限值的非线性关系，即只有房地产投资规模在合理的区间内，房价上涨才能有效促进经济增长。

（二）　房地产泡沫对虚拟经济行业的影响

稳定的房地产市场在维持虚拟经济稳定方面发挥着重大作用（史蒂文·陈和韩高峰（Steven Chan and Gaofeng Han，2016）。一部分学者认为房地产市场出现泡沫会单方面影响银行信贷规模。该观点主要基于价值抵押理论，当房价上升时，作为抵押品的房屋价值也会提高，因此银行的可贷金额增加。黄静（2010）在对我国近十年房地产价格及银行信贷数据分析的基础上指出，我国的房地产信贷风险暴露值处于一直被低估的状态，国内信贷扩张的情况是普遍存在的，而房价上涨进一步扩大了信贷扩张规模。杨洋（2016）以大连市房地产价格数据为例，也得出同样的结论，即当房地产业处于繁荣时期时，一旦投机行为呈现出"羊群效应"，房地产企业会为追求高利润而进一步增加投资力度，因此势必会增加银行信贷需求。而且分析认为房地产价格主要通过资本金渠道、抵押品价值渠道和流动性渠道影响虚拟经济的稳定性。

穆罕默德·塔吉克和塔安娜·加利亚（Mohammad Tajik and Thaana Ghalia，2015）进一步研究发现针对不同的银行类型，房价对其信贷扩张的影响是不同的。他们提出房价对贷款损失的影响取决于贷款组合的质量，即质量较低的贷款组合对房价的波动更为敏感。邓杨和曾燕（Yang Deng and Yan Zeng，2018）通过金融网络和资产炒卖两种风险传染渠道研究房地产价格冲击下银行系统中的风险传染问题，并指出房地产价格冲击主要影响银行系统。

也有部分学者认为银行信贷对房地产市场也存在单方面的影响机制。王晓明（2010）研究指出，银行信贷和资产价格之间存在顺周期关系，信贷扩张使股市和房市显现繁荣景象，一方面，信贷扩张为房地产市场提供了大量的可用资金，一定程度上促进了房地产的开发与销售；另一方面，如若股市崩盘或房地产泡沫破裂，房地产价格也将大幅度波动，对相关产业产生不利的冲击。秦岭、姚一旻（2012）在研究房地产和各类银行信贷之间的关系中发现，各类银行信贷规模增长都促进和加强房价的上涨。银行贷款利率也影响房地产价格，且二者之间呈现负相关关系。

房地产作为主要的抵押物，其价格上升有利于增强银行放贷信心，加大放款力度（Collyn and Shnhadji，2002；Anundsenh and Jansen，2013）。谭政勋和魏琳（2010）认为房价和信贷扩张之间存在长期关系，随着房价的上涨和房地产市场的非理性繁荣，金融稳定性不断减弱，直至银行破产或发生金融危机。奥卡瑞伦（Oikarinen，2009）应用 SVECM 模型检验了芬兰房价与信贷之间的关系，发现金融自由化后在芬兰房价和家庭贷款之间有双向的关系。武康平和皮舜等（2004）构建一般均衡模型，研究发现房价与银行信贷之间存在正负反馈机制，即房地产价格上升导致信贷扩张，银行信贷扩张也会导致房地产价格上升。谭政勋和王聪（2010）也得出同样的结论，他们指出信贷扩张和房地产价格之间存在双向互驱机制，并且信贷扩张对房价的影响更大。信贷扩张对房价的加速器效应普遍存在于国际房地产市场，而房价上升对信贷扩张的加速器效应是不存在的。

还有一部分学者在前人的基础上研究证明了房地产泡沫与虚拟经济稳定之间存在双向反馈机制。虽然房地产泡沫形成的背景、原因及产生的经济后果不尽相同，但究其根源，房地产泡沫与虚拟经济的发展之间存在密切的联系。迈克尔·克特尔和蒂格兰·波格希扬（Michael Koetter and Tigran Poghosyan，2010）使用抵押价值理论渠道和偏离价值理论渠道分析德国各个地区房价上涨和房价偏离与虚拟经济稳定的关系，并通过实证得出房价上涨和房价偏离均增加了金融危机发生的概率且当地区房价偏离基本面的同时，银行业的不稳定也助长了房价的偏离。且在不考虑其他经济因素的情况下，房价的名义变动对银行的稳定性没有影响，但房价的偏离会对银行的稳定性产生独立而显著的影响。在后期的研究中，有学者提出房地产泡沫与信贷扩张之间存在明显的因果关系。霍夫曼（Hofmann B.，2013）利用时间序列面板数据得出长期资产价格是银行借贷的原因，且短期二者有相互作用，信贷和资产价格有相互加强的作用。王胜（2008）从房地产泡沫的自反馈机制和房地产银行之间的双反馈机制两个角度入手，利用协整分析得出银行信贷扩张与房地产价格之间联动，互相作用，互为因果的关系，并且证明二者之间存在稳定的正向拉动关系。段忠东（2007）进一步从时间跨度上进行研究，得出房地产泡沫和信贷扩张互为因果的结论。短期来看，房地产价格的变动对信贷扩张的直接影响是极为有限的，但长期来看，房地产价格剧烈波动对信贷扩张产生较为深远的影响。解陆一（2012）基于经济周期的视角，也支持了这个理论，他指出银行信贷扩张与房地产价格存在长期的双向因果关系，随后证明随着整体经济周期的演变，银行信贷对房地产价格的影响具有非线性的特征。并进一步探索出经济处于萧条时期，银行信贷对房地产价格的影响较小，反正，当经济处于繁盛时期，银行信贷对房地产价格的影响较大。

何淑兰（2013）通过研究热钱、房地产价格与金融体系之间的关系，实证研究发现三者之间存在较强的互馈机制，呈现顺周期特征，热钱通过直接和间接效应影响房地产价格的波动。作者进一步指出热钱的大量投入哄抬了房地产价格，一方面导致企业家加大房地产业投资额；另一方面家庭个人预期房价继续上涨，贷款购房需求扩大。因此在两方面需求的共同推动下银行信贷进一步扩张，信贷扩张提高了金融风险性，一旦热钱退出房地产市场，将会产生大规模的房地产泡沫。郭娜和梁琪（2011）利用随机游走滤波理论对房地产周期界定，在充分考虑宏观经济因素和政策因素的背景下，认为银行信贷扩张与房地产价格波动之间的关系使得房地产泡沫等风险因子不断累积，这将成为影响我国虚拟经济稳定性关键因素。

况伟大（2011）也得出了相同的结论，即房地产信贷与经济增长之间的关系是非对称性的，经济增长对房地产信贷的影响大于后者对前者的影响，中国很多城市信贷扩张使得信贷增长率高于经济增长率，这就意味着房地产市场存在较大的泡沫风险。因此，一旦经济增长下滑，房价下跌，信贷规模萎缩，房地产泡沫破裂，巨大的金融危机和经济危机便会接踵而至。陈志英和韩振国等（2013）指出银行不稳定的重要原因之一就是信贷和房价波动以及二者的共生性关系，并且房价的适当增长有利于银行系统的稳定性。刘向耘和王琰（2018）认为，大多数学者忽略了房地产市场对金融膨胀的反作用力，仅仅局限于信贷扩张和宽松的货币政策对房地产价格的影响。房地产市场具有特殊性，会对金融的总量、结构、工具和风险产生重大影响。通过研究发现，房地产市场与金融膨胀之间存在相互推动的关系。

文凤华等（2012）通过构建金融脆弱性综合指标，探寻房地产价格波动对虚拟经济稳定产生的影响。发现二者之间存在正向的因果关系，房地产市场主要通过微观金融机构（银行）和宏观经济来影响金融脆弱性，从而破坏虚拟经济稳定性，更甚会诱发经济危机。进一步研究发现，短期来看，房地产价格波动会对金融脆弱性产生负向影响，但长期来看，房地产价格与金融脆弱性之间的关系呈正相关。一些学者从时间和空间维度入手，研究房价波动对虚拟经济稳定的影响。徐晶（2013）在35个大中城市数据分析的基础上，发现不同地区的经济发展水平不同，房价上涨对虚拟经济稳定造成的影响呈现出阶段性的效果。申博（2016）构建区域金融稳定性综合指标，基于"去库存"的视角研究房地产对区域金融稳定性的影响，利用空间滞后模型（SAR Panel），得出结论，即短期来看，房地产库存积压对东部地区会有一定的维系作用，但对中部地区而言具有危害性影响；房地产库存长期积压无论对哪一地区而言，都不利于金融稳定，都会对金融体系产生破坏性的影响。赵杨和张屹山等（2011）根据我国房地产市场的三次大规模调整划分样本区间，对各个阶段的房地产市场的财富效应进行比较，发现房价对居民消费和经济增长具有阶段性效应。这也侧面反映出房价对金融稳定的作用。阿尔塞（Arce，2012）通过模拟银行等金融机构之间的竞争化环境，发现房价冲击对虚拟经济稳定性的短期效应影响显著大于长期效应影响。

近年来，学者们研究发现，不同收入水平下，房地产价格对虚拟经济稳定的影响效果不同。潘和王（Pan and Wang）（2013）采用美国 MSAs 层面的数据，发现房价与银行之间不稳定的关系中存在收入的门槛效应，尤其是房价上涨与银行不稳定之间存在两个门槛值。沈悦和郭培利（2015）利用房价对均衡值的偏离和房价的百分比波动对虚拟经济稳定的影响也得出同样的结论，即二者对虚拟经济稳定的影响机制中，均存在收入的门槛效应，前者为双门槛效应，后者为单门槛效应。中低收入下支持价值偏离理论，高收入下支持价值抵押理论。

（三）房地产泡沫对产业结构的影响

中国改革开放以来的高速经济增长得益于传统人口红利和资源环境红利的比较优势。但随着经济全球化的到来，中国前期的比较优势逐渐消失饱和，房地产价格和劳动力成本的不断上升使得中国经济快速增长势头渐缓。对于绝大多数国家来说，房地产行业在国民经济中所占比例极大，是国民经济的支柱性产业。近十几年来，许多学者考察研究房地产业与其上下游行业的关联性问题，如姜春海（2005）曾指出房地产行业对建筑业有明显的拉动效应。房地产市场的发展可以有效带动建材、水泥、木材等用料的需求。房地产业的发展可以有效带动前向产业的供给以及后向产业的需求。房价上升不仅增加自身企业的实际成本，还会提高上下游企业的实际生产成本，影响多种生产要素产生时间上和空间上的流动和集聚，因此会对我国产业结构产生影响。

王国军等（2004）认为房地产市场在拉动经济增长的同时也会对其上下游的产业产生一定程度的带动作用，他们基于投入产出表进行运算发现，我国房地产业对上下游产业的影响不同于西方发达国家，主要对原材料及物质加工型产业产生正向的拉动作用，对其他产业的带动效应不是十分明显。吴海英（2007）利用投入产出法证明房地产投资的增速和我国不同行业的投资增速存在显著的线性相关关系。谷卿德等（2015）在我国房地产市场相关数据的基础上建立动态面板模型，研究认为房地产价格与产业结构升级之间存在"倒 U 型"的非线性关系，当房价较低时，可以有效促进我国产业结构升级，促进制造业的发展；但当房价超过某个临界值时则会阻碍产业结构优化升级，对经济发展产生负面的影响。张平和张鹏鹏（2016）通过对中国 285 个地级市的房地产相关数据进行分析认为一个城市相对房价的上涨会对该城市不同产业的调整和布局产生重要影响，相对房价的上涨使得人力资本密集型产业挤出劳动密集型产业，促进当地的产业结构由劳动密集型向人力资本密集型转变，实现产业结构优化升级。

原鹏飞和冯蕾（2014）基于动态视角，将存量住房资产引进 DCGE 模型，对房价上涨时经济增长效应、收入分配效应和贫富分化效应进行系统化模拟。结果证明房价上涨时会刺激经济快速增长，同时带动与房地产相关的上下游产业，例如建筑业、重工业等行业的快速发展，但与此同时会挤占农业、轻工业和公共服务业的发展空间。他们还提出房价上涨会进一步加剧城镇居民家庭之间的收入分化，房产溢价的利益固化已经成为近年来贫富差距恶化的主要原因。一方面，房地产是国民经济的支柱产业；另一方面，在持续繁荣的背后，居高不下的房价所带来的一系列问题将对我国的经济发展产生深远的影响，为未来经济可持续发展埋下隐患。从投资看，房地产市场高额的回报率吸引大量资金流入，挤占了其他产业的发展空间，扭曲了产业结构。从消费看，高房价显著抑制了居民的消费支出，居民购买力下降，不利于居民提高生活水平。

二、房地产价格与要素流动

在市场经济的条件下，生产要素和社会资源都是自由流动的，房地产行业是我国国民经济发展的重要支柱之一，房地产市场在影响一个地区或一个行业经济变量的同时，势必会对该地区该行业甚至周边地区和上下游产业的经济变量产生部分影响（Tobler，1970）。

1. 资本流动

2008 年全球金融危机的爆发使得国际资本市场迅速萎缩，中国经济虽然也受到一定的冲击，但在及时有效的国家宏观调控政策和房地产市场的坚挺下，与其他发达国家相比，中国经济在全球性金融危机下并未受到严重冲击。金融危机之后，国家宏观调控政策压制国内房地产开发商大量开发房地产市场，一些海外投资商和投资企业看好中国快速增长的房地产市场，借此机会利用越来越多的资本入股，甚至低价收购。由此大量的外资涌入我国部分地区的房地产市场。

从国内范围来看，一方面，房地产市场的高收益吸引了更多资金流入，挤出了本该流入实体经济的资金（余静文和谭静，2015）；另一方面，房地产价格较快地上涨吸引其他行业的企业进入房地产行业，造成工业企业的空心化。

2. 劳动力流动

劳动力要素的自由流动要得益于我国户籍管理制度的改革，户籍制度放宽了不同地区劳动力迁入其他地区的条件，放松了人口流动管制制度。这些制度都使得大量劳动力迁入城市地区，尤其是经济较发达的东部沿海城市，这些流动人口也为当地的房地产租赁市场带来了巨大的发展潜力。随着房地产市场快速发展，在资本大量流入房地产市场的情况下，实体经济缺乏充足的资金运转会受到阻碍，实体经济企业的经济效益便会大幅下降，严重则会导致企业破产，产业空心化等问题。相比之下，房地产市场的愈发强盛会吸引大量劳动力涌入其中，而过多的劳动力资源流入房地产和金融行业，会造成资源错配，经济结构发展失衡。

埃尔普曼（Helpman，1998）是最早研究房地产泡沫与劳动力流动的学者，他利用新经济地理学模型考查二者之间的内在联系，研究发现房地产价格过高会降低劳动力的相对效用，从而不利于劳动力在该地区的集聚。蒙克（Monk，2000）、布莱克曼（Brakman，2002）也得出相似结论，并认为房地产价格长期上涨会导致该地区的劳动力短缺。张平和张鹏鹏（2016）利用中国 285 个地级市房地产面板数据研究房地产价格对异质性劳动力要素的影响。研究认为一个地区房地产价格的上涨导致该地区一般技能的劳动力流出和高技术人才的聚集，对该城市劳动力供给结构进行一定程度的重组，进而导致不同产业布局的调整。

三、房地产价格与企业创新

一部分学者认为房地产价格上升甚至出现一定程度的泡沫时，有利于缓解企业融资困难，资金流动性不足等现象，可以极大地提高企业的投资积极性，有利于企业创新。如赫斯特和卢萨尔迪（Hurst and Lusardi，2004）通过考察美国各地区之间的房价变化得出，房价升值越高的地区，人们的创业积极性越大。克里希纳穆尔蒂（Krishnamur-thy，2005）也得出类似的观点，认为房地产泡沫可以缓解企业融资约束，增强资金流动性。查内和泰斯马尔（Chaney and Thesmar，2012）以美国房地产市场数据为基础，将银行贷款和企业层面的微观数据相匹配，研究房地产价格波动对企业投资的影响。研究发现当房地产价格上涨时，对企业投资有正向的促进作用。进一步发现当房地产市场存在一定程度的泡沫时，可以提高企业的抵押品价值，进而可以促使企业获得更多的信贷资源，缓解融资约束，促进资金流动和企业投资。余静文和谭静（2015）认为房地产作为常见的资产抵押物，其价值的波动对企业具有重要影响。房价波动与抵押物价值相关，因此对于企业来说，存在"信用缓解效应"，可以为企业的研发创新活动提供资金。

还有一部分学者认为房地产泡沫的产生使得企业的信贷资金风险提高，房地产价格上升不利于企业创新活动。以日本为例，房地产泡沫破裂之后相当长的一段时间内，中小企业接连不断地破产，不仅抑制了产业的发展，而且加剧了内需不足。金融机构产生大量呆账坏账，金融体系剧烈动荡，因此日本的经济一直处于低迷状态，即使短时间经济有复苏迹象，但不久便再次出现衰退，更是险些引发严重的金融危机（陈淮和周江，2004）。甘恩（Gan，2007）以日本房地产泡沫为例，分析房地产价格上涨对企业投资的影响路径，研究证明若房地产价值的急剧下跌将会对企业投资渠道产生极其负面的影响。有的学者提出，长期状态下房地产泡沫会抑制企业的创新能力，这主要是长期房地产市场吸引资金流入，不断挤出企业创新研发投资造成的。布勒克和刘（Bleck and Liu，2014）在理论模型的基础上，再一次验证了房地产市场的迅速扩张会形成资源挤出效应和资源错配。王文春和荣昭（2014）同样采用我国35个大中城市房地产数据和工业企业数据进行验证，实证认为房地产价格的大幅上涨会显著抑制企业的新产品的创新研发进程，且该抑制效应对大企业和国有企业影响更大，对小微企业和外资企业影响较小，并进一步发现，在实施土地"招拍挂"制度以来，该抑制在效应对私有企业的新产品研发活动中更为突出。史等（Shi et al.，2016）也得到类似的结论，并进一步提出房地产过热对其他非房地产行业的投资也存在挤出效应。陈斌开等（2015）也提出了相似的观点，并认为房地产价格上升导致的房地产相关利润的上升极大地吸引了各行各业的资金大量涌入，也抑制了企业的技术创新活动。陈等（Chen et al.，2015）认为房地产价格的快速上涨显著地影响了微观企业部门，对其非房地产投资部门具有明显的挤出效应。扭曲了房地产市场价格，不利于投资效率的提高，导致资源错配，给经济带来极为负面的影响。张杰、杨连星和新夫（2016）认为房地产价格的快速上涨以及房地产泡沫的形成，会对企业投资尤其是长期投资产生挤占效应，导致资源错配，进而对中国的创新驱动发展战略乃至经济的可持续发展产生负面影响。余泳泽和张少辉（2017）通过利用工具变量和双重差分法分析得出城市房价的快速上涨会对地区整体和企业个体的技术创新产出带来不利影响。在考虑房价蔓延的空间效应基础上，作者认为，房价快速上涨也会对周边城市的技术创新活动产生不利影响。房地产泡沫促使资本"脱实向虚",而资本的"脱实向虚"加剧了泡沫破裂的金融风险,严重制约着实体经济的复苏。

四、房地产价格与全球价值链下的企业行为

20世纪90年代以来,全球价值链的分工贸易体系成为有效推动全球各个国家和地区贸易和经济增长的核心发展模式(Baldwin and Lopez - Gonzaler, 2013)。中国作为发展中国家,借助人口红利和刚刚加入世贸组织的际遇,嵌入全球价值链低附加值一端。因此,对于中国众多企业来说,对来自发达国家高技术的中间产品进行组装加工再出口到发达国家或发展中国家的生产加工模式是中国早期经济快速增长的主要发展模式。随着企业在参与全球价值链垂直分工中的参与度和深度逐步提高,"进口中学习"和"出口中学习"效应不断促进企业生产率的提高(阿米蒂等(Amiti et al., 2014))。

中国本土企业嵌入全球价值链迅速发展的原因涵盖方面众多,其中与中国房地产市场的发展密不可分。房地产价格大幅上升,甚至房地产泡沫会引起资本的重新分配,从而影响企业的投资、生产和经营行为。基于房地产的资产与生产要素属性视角,一方面房地产可以作为企业重要的生产要素之一,但房地产过热对企业投资产生挤出效应。本该分配给其他业务部门的资金转移到房地产市场,导致资源配置不足的问题(Tirole, 1985)。另一方面认为房地产价格上升可以带来"放松信贷"的作用,可以有效解决企业融资难的问题(Barro, 1976),减少企业的融资成本,提高企业融资能力。外部融资能力的提升有利于扩大企业投资规模,提高利润率。国内外众多文献都证实了房地产价格波动能够影响企业行为,主要通过研究影响企业的投资行为、生产行为和经营行为。

一部分学者认为房价波动影响企业的跨国投资行为。在21世纪初,房地产市场的繁荣为中国本土企业的发展提供切实的资金支持。清泷和摩尔(Kiyotaki and Moore, 1997)、伊阿科维埃洛(Iacoviello,

2005）认为房地产价格可以通过抵押贷款效应影响企业投资。由于宏观数据多存在内生性问题，不少学者利用微观数据解释房价与企业投资之间的关系。布莱克等（Black et al.，1996）、查内（Chaney，2012）发现企业持有的房地产价值影响企业新增投资的数额大小。吴海民（2012）利用沿海地区民营工业数据分析认为，房地产价格上涨对民营投资具有挤出效应，不仅无法缓解民营企业融资困难的问题，还加剧了民营企业的"规模空心化"问题。苗和王（Miao and Wang，2012）建立信贷驱动的资产价格泡沫的内生经济增长模型，研究发现一方面资产泡沫具有信贷宽松效应，可以有效缓解企业融资约束问题，提高投资效率；另一方面资产泡沫的资本再配置效应会使资金重新汇集到利润较高的部门，进而阻碍另一部门投资的增长。因此，资产泡沫对实体经济的总体效应取决于两种效应的较量。余静文和谭静（2015）认为当市场上存在低进入门槛的高盈利资产时，企业基于投机心理，会将大量的资金投入该资产，甚至不惜牺牲企业用于主营业务的资金，对企业主营业务产生挤出效应。罗时空和周亚虹（2013）认为房地产价格对企业行为的影响可以分为作用方向完全相反的成本效应和流动性溢价效应，而房地产价格对企业投资的最终影响取决于两种效应的正负权衡。当企业面临较大的融资约束时，成本效应占主导，房价上升促进企业投资；当融资约束较小时，流动性溢价效应占主导，房价上升抑制企业投资。长期来看，房价上涨有利于降低企业的投资成本，有利于企业的发展。李等（Li et al.，2016）发现房地产价格上升存在企业投资的"吸附效应"，导致制造业在主营业务上的投资水平显著小于正常水平。王（Wang，2017）发现民营企业投资与房价呈现正相关，国有企业投资与房地产价格呈负相关。汪勇和李雪松（2019）利用"资产负债表衰退"机制发现，房地产的刚性需求在提高房价的同时会对企业投资产生小幅的"挤入效应"。荣和黄（Rong and Huang，2017）提出房价上涨会提高房地产行业的企业负债率。黄贤环等（2018）研究认为企业倾向将资金投入高收益、低风险的房地产市场领域，由此将侵占企业的主业投资资金，大幅增加企业的运营风险，不利于实体经济行业的健康稳定发展。

一部分学者认为房价波动会影响企业的经营行为。工业组织理论提出如果一个行业利润水平长期高于社会平均水平，那么该行业就会吸引新企业进入，称为利润驱动假说（Martin，2001）。国内学者杨蕙馨（2004）、杨天佑和张蕾（2009）等从行业和地区两个层面证明了吸引企业进入的主要因素是行业的盈利前景。房价上涨会引起非房地产企业进入房地产行业，从而影响企业的经营行为。荣昭和王文春（2014）利用非房地产业上市企业数据首次证实了房价上涨吸引非房地产业企业进入，并且房价上升速度越快，利润较低地区的企业更倾向进入房地产业。从企业层面来看，企业加入新的行业属于企业的多元化经营范畴，有利于发挥企业范围经济效应，实现各业务部门的协同联合效应（Penrose，1959）。邵挺和范剑勇（2010）在研究房价上升与长三角地区制造业区位选择时发现，房价上涨使得该地区的制造业向外围房价较低地区转移。刘兵和费宇（2012）提出房地产价格上涨通过投资、消费和人力资源三种路径对沿海地区的制造业产生影响。进一步发现短期房地产价格上升有利于企业的发展，但长期来看，房价上涨会对劳动力有明显的挤出效应，不利于企业的产业升级。佟家栋和刘竹青（2018）基于城市面板数据分析认为房价上涨会通过改变就业结构挤出制造业，吸引大量劳动力流入建筑业。

对于房价上涨与企业的生产行为。陈斌开等（2015）提出，房地产价格上升对企业的生产效率和资源配置效率存在明显的抑制效应。罗知和张川川（2015）认为房价上升对企业生产的抑制效应主要是由于房价上涨对企业投资的挤出效应造成的。查克拉博蒂（Chakraborty，2018）研究认为当房地产市场过热时，由于银行放贷总金额受限，在增加银行抵押贷款的同时必然减少商业贷款，因此部分企业投资业务资金受限，生产能力下降。一些学者还从区位生产转移的角度研究房价上涨对企业的影响。覃成林和熊雪如（2013）研究指出房价上涨是中国劳动密集程度较高的企业存在由沿海地区向内陆地区扩散的主要影响因素之一。但谭锐等（2015）却提出与之相反的结论，认为大中城市的房价上升不会引起企业的跨地区转移，仅是由同一地区的内部中心地区转移至外围郊区。毛丰付等（2016）通过构建 CP 模型得出房地产价格上升促进劳动密集型企业发展，但是抑制资本密集型企业发展，且长期影响与之相反。

第三章

房地产泡沫和产业升级的测度与描述

第一节 概念界定

一、房地产泡沫

20世纪80年代末90年代初，日本首次出现房地产泡沫危机，由此房地产泡沫作为一个关键领域开始被各国学者关注。勒纳（Roehner，2001）认为不仅是金融市场，商品市场和房地产市场也存在投机性，有投机性存在的地方，就会有泡沫的产生。克鲁格曼（Krugman，1999）、谢国忠（2010）认为银行贷款是泡沫形成的最重要的资金来源。贷款业务是银行机构的主营业务，而房地产作为银行抵押贷款的主要标的物，通过抵押可以获得银行一定数额的借款。这就意味着房价升高，资产抵押者可以获得更多的借款，进而将更多的资金投入房地产市场，引起房价进一步攀升，长此以往，形成资产泡沫（房地产泡沫）。

国内外学者基于不同的出发点和视角，对房地产泡沫的定义也存在些许差别。国外学者定义房地产泡沫着重关注泡沫产生的原因、资产的实际价格和内在价值的偏离程度；国内学者定义房地产泡沫则更加关注泡沫存在的内在表现和对经济的影响。如国外学者凯斯和席勒（Case and Shiller，2003）发现房价受人口增长率、收入、住房开工量、就业率、失业率和抵押贷款利率等基本面的影响。并将目前房价未来价格增长的预期定义为房地产泡沫。亨德肖特（Hendershot，2003）通过对商业物业市场的均值回归机制检验，证明资产价格周期性的上升和回落是理性价格泡沫，而不是非理性价格泡沫。将房地产泡沫定义为资产价格在短期内迅速而短暂性的上升。史密斯（Smith，2006）利用公司财务的股利折现模型，利用美国洛杉矶 10 个城市的房租估算出城市住房的基本价值，并将房地产泡沫定义为房价超过预期现金流现值的部分。黄（Wong，2001）将房地产泡沫定义为投资者预期将来好经济发生的概率，构建一个跨期的住房市场局部均衡模型考察住房市场泡沫，假定经济状态分为好经济和坏经济，并且将开发商对下一期好经济发生的态度，分为乐观组和悲观组。结果显示，乐观组会出现住房过度供给，增加坏经济状态下开发商的脆弱性，导致未来房价下降；而悲观组在坏经济状态下的巨额损失会产生资产泡沫。国内学者如王子明（2002）、曹振良等（2003）将房价均衡价格的持续上涨定义为房地产泡沫，他们认为房地产市场投机所产生的房地产价格脱离了基础价格。王国刚（2005）根据泡沫的效应将其区分为"有益泡沫"和"有害泡沫"两种。有的学者从"泡沫"本身的性质认为"软泡沫"的膨胀造成经济繁荣的假象，但是迟早是要破灭的，而"硬泡沫"是经济本身的扩张，是真实的，因此也不会破裂。包宗华（2005）将"泡沫"定义为市场经济中价格较大幅度离开自我本身价值的现象，并将其分为"泡沫经济"和"一般性泡沫"。前者主要是由过度投机造成的，且其高价并不是永久性的，只能暂时停留一段时间便会破裂，并且会对经济体造成不同程度的伤害；后者是在一段时间内商品的价格有较大幅度的上涨，但不是由于过度投机造成的，因此对经济体造成的影响也较小。李涛、伍建平（2004）认为，房地产泡沫是经济泡沫的一种重要的表现形式，但是区别于"房地产过热"。房地产泡沫是房地产过度投机所导致的房地产价格骤升远大于其使用价值的情况。

由于房地产是由土地及其附属建筑物构成的，而建筑物属于劳动产品，其价值由劳动决定，价值波动较为平稳，因此房地产泡沫的实质是地价泡沫。

综上所述，房地产泡沫的概念尚未统一。基于文献分析可以认为，房地产泡沫的形成需要具备一定的要素：一定的经济条件作为产生泡沫的载体（经济发展到一定程度）；有利的契机（有利于资产价格开始增长的客观条件）；价格继续增长的预期（消费者认为资产价格的增长会持续攀升）；价格落差（实际价格与预期价格存在重大落差缺口）。只有同时满足这几个要素，房地产泡沫才会出现。房地产泡沫可以理解成经济要素在短时间内持续性的倾斜，市场的有效性可以在一定时间内对经济要素的倾斜进行自我修复，最终达到平衡状态。但当倾斜程度过大时，市场也无法平衡其偏离，难以稳定其价格，房地产泡沫一旦饱和，就会引发严重的金融危机。

将房地产泡沫界定为"房地产价格偏离基本价值"已经成为学术界的共识。本书采取美国经济学家金德尔伯格（Kindleberger）关于房地产泡沫的定义：类似于通货膨胀理论的定义，房地产等投机资产所引起的房地产实际价格超脱其市场基础价值的，在一段时间内不可控的持续性大幅度上涨，由此形成的房地产市场虚假繁荣景象称为房地产泡沫。这种现象初期会使得投资者一定程度上忽视其风险，因此吸引大量资金投入并从中获益。

目前对房地产基本价值判断仍然存在分歧。本研究对房地产基本价值判断的基于三方面的考虑：首先，基本依据是"房子是用来住的不是用来炒的"。据此，需要从"住"的角度来思考房地产基本需求的来源，那就是应该考虑人口数量的变化，而不应该考虑贷款、利率等能够刺激"炒"的因素。其次，遵循经济学的有效需求理论。对某种产品需要并且能够支付的需求才能构成有效需求。据此，实际收入水平的高低也是决定房地产基本价值的一个重要因素。最后，应该从长期角度确定房地产的基本价值。房地产的基本价值应该由居民实际收入和人口数的长期变动趋势决定，短期的波动都应该归到房地产对基本价值的偏离中。

　　本研究将房地产泡沫进一步界定为剔除通货膨胀因素后房地产实际价格对收入和人口增长的偏离。在第四章关于房地产偏离基本价值的测度部分，我们将采用面板误差修正模型，估计出由收入和人口长期决定的基本价值，进而计算房地产泡沫的大小。由于房地产泡沫的形成直观上表现为房地产实际价格的上升和价格增长速度快于经济中其他变量的增长速度。我们在考察房地产泡沫对全球价值链下产业升级的影响时，同时考虑房价上涨、房价增速提高和房价偏离带来的影响。

　　本研究的目的是考察房地产市场整体出现泡沫对产业升级的影响，所以提到房地产泡沫、房地产价格（房价）、房地产价格增长率（房价增长率）时均指所在区域内全部房地产，不区分产品类型。

二、全球价值链下的产业升级

　　传统的产业升级概念的局限性在于无法解释全球价值链各个环节中众多关联企业的产业升级过程，而当今时代的产业分工正是全球价值链主导的时代，全球价值链下产业升级的含义显得尤为重要。随着全球价值链理论的不断发展，一些学者开始将全球价值链理论与产业升级理论相结合。格里芬（Gereffi，1999）首先将产业升级划分为四个层次：一是从生产同类型简单产品到生产复杂产品的产品上的创新；二是不断更新产品的设计、生产和营销能力，即经济活动的创新；三是产业内的创新，即生产和提供更高价值的产品和服务；四是产业间创新，将产业从低附加值的劳动密集型产业升级为高附加值的资本和技术密集型产业。

　　在格里芬产业升级分类的基础上，学者们提出了一种以企业为中心的、全球价值链背景下的序贯式产业升级模式，即发展中经济体融入全球价值链将依次经历由低级到高级四个阶段的产业升级：工艺升级→产品升级→功能升级→链条升级（Kaplinsky and Morris，2001；

Humphrey and Schmitz，2002）。其中，工艺升级作用于某一产品的分工环节，体现为某一产品价值链条内部生产加工工艺流程的竞争力和效益的提高；产品升级作用于产品层次，体现为通过对已有产品的改进或新产品的引进，经济体不断提高产品效率。值得注意的是，产业升级处于前两个阶段时，产品复杂度尚且较低，经济体尚处于由价值链附加值较低的环节向附加值较高的环节的升级阶段。但经历了工艺升级和产品升级后，产品的复杂度和产品质量将不断提高；功能升级作用于产业内层次，体现为经济体成功实现从低附加值环节转为嵌入价值链中的高附加值环节，经济体逐渐实现对价值链条中的核心环节的控制，不断掌握同一价值链条中上下游环节的关键技术和渠道。具体来说，功能升级的路径可以看作经济体作为原始设备制造商，从简单的贴牌生产（OEM）到自发设计制造（ODM），最后到实现自有品牌制造（OBM）的过程（Chang，2002；汪建成等，2008；周浪和刘志迎，2011；Yan，2012）。于和徐（Yu and Hsu，2002）通过对台湾计算机 OEM 公司和全球主要计算机 OBM 公司进行研究发现，OBM 公司的回报均领先于相应的 OEM 公司；链条升级作用于产业间层次，指的是将在原有产业链条中某些环节获得的能力应用到另外一条产业链，即经济体从某一价值链条转换升级到另外一条附加值更高的价值链条，从而实现产业间的跨越。由于这种转换一般来自突破性创新，因此能够实现链条升级的经济体往往是牢牢控制着价值链战略枢纽环节的全球价值链的治理者（魏龙和王磊，2017）。汉弗莱和施米茨（Humphrey and Schmitz，2002）将上述序贯式产业升级的过程定义为全球价值链升级。

在上述序贯式产业升级的框架下，许多学者对全球价值链视角下产业升级的具体表现展开进一步研究。张辉（2004）运用全球价值链理论对我国产业发展展开研究，他指出全球产业转移过程实质上是各个附加值不同的环节在全球范围内的优化配置，产业升级不断深化的过程实质上是产业附加值不断提高的过程，并且在此过程中伴随着实体经济活动的不断减少。张辉进一步指出，产业升级的核心在于与价

值环节内在属性和外在组合两个方面，因此产业升级既可以发生在同
一产业链条内部，也可以跨越不同的产业链条。孙文远（2006）提出
各个经济体的产业升级普遍依次遵循着这一序贯式产业升级下的四个
阶段，对此东亚国家的工业化进程都可以印证。但他同时结合福田汽
车"链合式创新"的案例指出，并非所有经济体的产业升级轨迹都完
全不变地遵从此规律，产业升级有时会同时贯穿几个升级阶段。同时
他指出，全球价值链背景下的产业升级直接表现为企业在全球价值链
条中沿着价值阶梯不断的攀升。陈羽和邝国良（2009）对产业升级的
理论内核及研究思路进行深挖，提出当下学术界对于产业升级内涵的
界定仍需要进一步统一认识，将产业升级的内涵总结为"提高在全球
价值链分工中的价值获取"。并且根据"微笑曲线"和全球价值链驱动
理论，将产业升级的具体对策归纳为向技术研发和品牌管理两端环节
升级。唐东波（2013）同样对全球价值链背景下的产业升级内涵进行
界定，将产业升级界定为产业深化，即企业在整个价值链条上不断向
附加值更高的环节攀升，具体体现为出口技术复杂程度的提升和国内
附加值份额的提升。阿泽姆和纳德维（Azmeh and Nadvi，2013）通过
对中东地区服装业进行研究指出，一个经济体在融入全球生产体系时，
其产业升级的关键并非在于一味凭借劳动力和资源的比较优势实行低
成本战略，而是在于不断创新产品设计和功能。魏龙和王磊（2017）
对全球价值链分工体系下中国制造业的转型升级展开研究，提出全球
价值链下的产业升级即为全球价值链分工地位的提升，更具体地体现
为增值和控制能力的提高，即不断占据价值链条中的附加值较高的关
键战略环节。克雷斯塔内洛和塔塔拉（Crestanello and Tattara，2011）
通过对全球价值链视角下罗马尼亚威尼托地区的服装和鞋类制造业进
行案例研究发现，发达国家通过全球价值链分工将低技术和低附加值
环节不断转移外包给不发达国家，而自身却作为全球价值链的治理者
牢牢掌控着价值链的核心环节，从而提高自身产业竞争力，不断实现
产业升级。根据上述分析，全球价值链下的产业升级模式主要有工艺
流程升级、产品升级、功能升级和链条升级（Gereffi，1999；Lee and

Chen，2000；王珏，2017）。这四种模式的逐步切换也可以看作在嵌入全球价值链体系的过程中发展中国家产业升级的一般顺序。但是，这种价值链升级会受到发达国家处于领导地位的企业的挤压，导致发展中国家处于"低端锁定"困境。发展中国家被锁定在附加值比较低的加工、装配等价值链位置，而发达国家占据研发、分销等附加值较高的位置。

因此从全球价值链理论来看，产业升级直接表现为一个企业、一个地区或一个经济体在全球价值链条中沿着价值阶梯逐步提升的过程，其中伴随着企业生产能力和竞争力的不断提高。之后，汉密尔顿和斯特林格（Hamilton and Stringer，2016）基于全球价值链视角研究渔业部门的产业升级，分析渔业全球价值链中的价值增值问题，研究指出全球价值链视角下的产业升级不应当仅关注于如何获得更高的价值，同样也应当关注价值链中效率如何提高、资源的可持续使用问题以及如何处理好全球价值链各个参与者的关系。提高出口产品中包含的技术含量，从而提高增加值率，实现全球价值链的攀升是全球产业分工中一个国家和地区产业升级的重要表现。

第二节　房地产泡沫的测度

一、数据说明

本研究所用全球房地产价格来源于国际清算银行（bank for international settlements，BIS）的房地产价格统计数据库和美国达拉斯联邦储备银行（federal reserve bank of dallas，Dallas Fed）全球经济数据中的全球房地产价格数据库。中国房地产数据来自中国国家统计局。全球各国房地产价格的面板数据，牵扯到横向不同经济体之间的汇率换算问题以及纵向汇率波动问题。而本研究要考察的是本国或本地区房地产泡沫对本国或本地区产业升级的影响，所以规避汇率换算和汇率波动，采用房地产价格指数，房地产价格均以 2010 年为基期进行指数化处理①。并且以各国消费者价格指数为通货膨胀率计算出实际房地产价格指数。各国消费者价格指数、人均实际 GDP 和人口数来自世界银行（Word Bank）的世界发展指标（WDI）数据库。由于要体现整体房地产泡沫情况趋势，各国指标在选取时尽量选用全部房地产产品的指标，不区分住宅和商业地产，也不区分新开发房地产和存量房地产。

二、房价变动与房价增长率的变动

这两个指标的测度相对已经比较固定，房地产价格变动采用面板数据房地产价格指数和房地产实际价格指数表示，展示不同区域房地产价格随时间的变动趋势。房地产价格增长率则以下公式计算得到：

$$GHPI_{it} = 2 \times \frac{HPI_{it} - HPI_{it-1}}{HPI_{it} + HPI_{it-1}}$$

其中，$GHPI_{it}$ 表示 i 地区 t 时期的房地产价格增长率，HPI_{it} 表示 i 地区 t 时期的房地产价格指数，HPI_{it-1} i 地区 t-1 时期的房地产价格指数。此外，由于房价波动等原因，可能某一个时间点上的房价指数或者房价增长率不能全面反映长期房价变动趋势，还可以用考察期内平均房价增长率表示。而房价平均增长率则用以下公式计算：

$$GHPI_{it-avenue} = (HPI_{it} - HPI_{i0})^{\frac{1}{t}} - 1$$

三、房地产价格偏离的测度

本研究采用房地产价格对长期收入和人口的偏离（简称房价偏离）表示房地产泡沫。克特尔和匹克奥森（Koetter and Poghosyan，2010），

①　没有以某一个较早的年份为基期的原因是，部分国家的数据不完整，开始年份不统一，以 2010 年为基期可以保证样本的最大化。后续需要的情况下，也会展示部分国家以较早年份为基期的房地产价格指数，只是直观上存在差异，变动趋势上是一致的。

谭政勋和陈铭（2012）均对房价偏离做过测度。首先，构建房价与收入和人口数的基本回归方程：

$$HPI_{it} = \alpha_{0it} + \alpha_{1it}PGDP_{it} + \alpha_{2it}POP_{it} + u_i + \varepsilon_{it} \qquad (3-1)$$

其中 i、t 分别表示地区和时间，HPI 为实际房地产价格指数，PGDP 为实际人均收入水平，POP 表示人口数，u_i 为地区固定效应，ε_{it} 为随机误差项。为消除量纲和汇率等因素的影响，所有变量均处理为 2010 年为基期的指数并进一步取对数。α_0、α_1、α_1 分别为常数项、人均收入对房价的弹性系数、人口数对房价的弹性系数。

由于式（3-1）中的三个变量在现实中往往是非平稳变量，并不能直接回归，而每个变量的一阶差分往往是平稳的，所以应该构建一阶滞后模型：

$$HPI_{it} = \beta_{10it}PGDP_{it} + \beta_{11it}PGDP_{it-1} + \beta_{20it}POP_{it} + \beta_{21it}POP_{it-1}$$
$$+ \varphi_{it}HPI_{it-1} + u_i + \varepsilon_{it} \qquad (3-2)$$

将式（3-2）移项并将（3-1）式代入可以得到面板误差修正模型：

$$DHPI_{it} = \rho_{it}(HPI_{it-1} - \alpha_0 - \alpha_1 PGDP_{it-1} - \alpha_2 POP_{it-1})$$

式（3-3）可以表述为房价的短期波动一部分来自房价的长期偏离，一部分来自短期人均收入和短期人口数量的变动。ρ_{it} 为误差修正调整系数，其中 $HPD_{it} = HPI_{it} - \alpha_{0it} - \alpha_{1it}PGDP_{it} - \alpha_{2it}POP_{it}$ 便为我们要计算的长期房价偏离。估计面板误差修正模型主要有三种方法，动态固定效应法（DFE）、组内平均值法（MG）和混合组内平均值法（PMG）。其中 DFE 假定所有地区的长期、短期和调整系数都是一致的，只有残差存在差异。而 MG 则恰好相反，假定所有地区的长期、短期和调整系数都是不一致的。PMG 则认为不同地区长期系数是一致的，短期系数则存在地区差异。虽然大量文献发现 PMG 估计具有较好的有效性，具体选用哪种方法需要根据豪斯曼检验的结果确定，并不能预先设定。另外需要说明的是，由于各变量均为指数化后取对数，并且基期的选择对计算出的房价偏离度的大小有影响，所以不能单独拿出某个地区某个时间点的偏离度来说明是否存在泡沫。但是该指标是从长期来看剔除对收入和人口因素决定的基本价值后的泡沫，纵向看对于某个地区而言其数值越大说明房地产泡沫程度越高[1]，横向看如果不同地区的基期和其他变量的量纲选择是一致的，也是可以横向比较的。

此外需要说明的是，我们用到的房价偏离度与易居中国公布的房价偏离度不同。易居中国研究机构基于成交量偏离度、房价涨幅偏离度和房价收入比偏离度构建了房地产市场重要指标的偏离度。但是他们的偏离度是各指标相对于自身趋势的偏离，是一种统计意义上的偏离。没有考虑影响房地产价格的基本因素。即使用房价收入比偏离度，本质上存在和房价收入比一样的优势和劣势，并且没有考虑决定房价基本价值的人口因素。

四、全球房地产泡沫的时空演变

（一）房地产价格上涨和波动是常态

房地产和其他普通商品存在显著的差异，表现在其价格波动异于普通商品。马克思在《资本论》中论述了价格围绕价值波动的一般规律，但是我们发现房地产似乎没有遵循这个一般规律，至少大多时候处于偏离状态。房地产价格确实存在波动性，但是相比普通商品波动的周期更长。本研究中，我们不讨论房地产价格波动异于普通商品的原因，仅展示房地产价格长期偏离的具体现实表现，并基于事实，分析这种现实表现对全球价值链下产业升级的影响。

如图 3 - 1 所示，整体来看，大多数国家名义房地产价格长期处于上涨的趋势，也有部分在短时间内出现过大幅度下跌，但是除日本、意大利、西班牙外，其他国家经历了一段时间下跌后均恢复了上涨的势头。例如美国的房地产价格经历了几十年的长期上涨后，价格顶点

---

[1] 在以后的研究中将考虑构建类似于房价收入比并包含多种长期因素的直观性指标。

出现在 2006 年。2010 年的名义房地产价格指数为 100，2006 年的名义房地产价格指数为 117.14。此后房地产价格暴跌，2008 年次贷危机出现，2011 年名义房地产价格指数为 96.68，此后开始触底反弹，到 2016 年已经恢复到 2006 年的价格水平，为 118.67，并且继续上涨，2019 年为 139.41。即使剔除掉价格因素，看实际房地产价格也一直处于上涨的趋势。

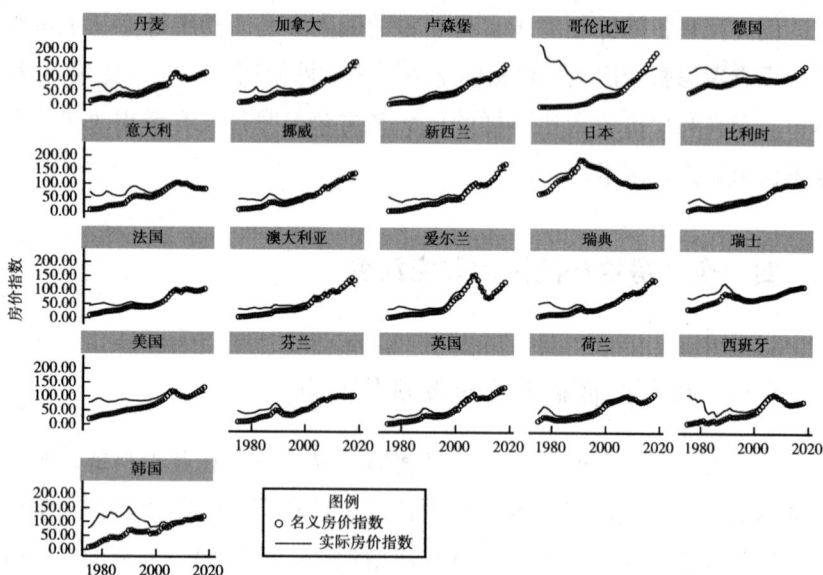

图 3-1　主要发达国家房地产价格变动趋势

注：虚线为名义房价指数，实线为剔除价格因素后的实际房价指数。
资料来源：美国达拉斯联邦储备银行（Federal Reserve Bank of Dallas, Dallas Fed）全球经济数据中的全球房地产价格数据库。

仍然以 2010 年为作为基期，美国本次房地产周期的最高、最低和目前价格指数分别为 2006 年 126.7，2012 年 92.35，2019 年 118.9。按照目前美国的经济政策，实际房地产价格也将很快恢复到危机前水平。鉴于房地产与金融的密切联系以及房地产在货币政策传导中的特殊作用（贾庆英和孔艳芳，2016），可以预计美国房价会继续上涨。但是我们认为基于美国虚拟化的经济模式，也有可能在不久的将来房地产价格再次暴跌。毕竟本次美国经济恢复和房地产市场恢复主要归功于其多轮货币量化宽松，疫情发生后甚至推出了无限量化宽松政策。

（二）大多数地区房价处于上涨区间

以 2010 年为基期，计算中国、丹麦等共计 45 个国家 2018 年实际房地产价格指数。可以发现在 2018 年与 2010 年相比实际房价有较大的差异。若 2018 年房地产价格指数大于 100，则说明房价上涨。若小于 100 则说明房价下降。大部分地区的房地产价格在剔除通货膨胀因素后仍然在上涨。其中上涨幅度最高的国家分别为印度 162.5，爱沙尼亚 158.1，马耳他 158，新西兰 155，哥伦比亚 143，中国 142.8，拉脱维亚 140.5。仅有俄罗斯、罗马尼亚、波兰、日本、意大利、克罗地亚、希腊、法国、芬兰、西班牙、塞浦路斯、巴西 12 个国家实际房价出现了下降。

之所以选择 2010 年价格为基期，考虑两个因素：一是选择一个价格较低的年份为基期。2010 年为美国次贷危机导致的金融危机后期，各国房地产市场在受到影响后已经做出了调整；二是将更多的国家纳入考察范围。除了主要发达国家外，大多数发展中国家的房地产价格数据在近些年才有国际统一的统计数据。为了更加清晰地反映横向和纵向交叉的房地产价格变动情况，进一步看 2000 ~ 2018 年各国的实际房地产价格平均增长率。[①]

由图 3 - 2：2000 ~ 2018 年全球主要国家房价平均增长率的核密度分布可知大部分国家长期实际房地产价格平均增长率是大于零的，2% 左右的国家分布最多。个别国家实际房价平均增长率达到 5% 以上。

---

① 其中部分国家由于数据缺失，数据开始的年份较晚。印度、土耳其、波兰自 2010 年起，罗马尼亚自 2009 年起，葡萄牙自 2008 年起，匈牙利、捷克自 2007 年起，拉脱维亚、斯洛伐克自 2006 年起，保加利亚、墨西哥、爱沙尼亚自 2005 年起。其他国家均自 2000 年起。

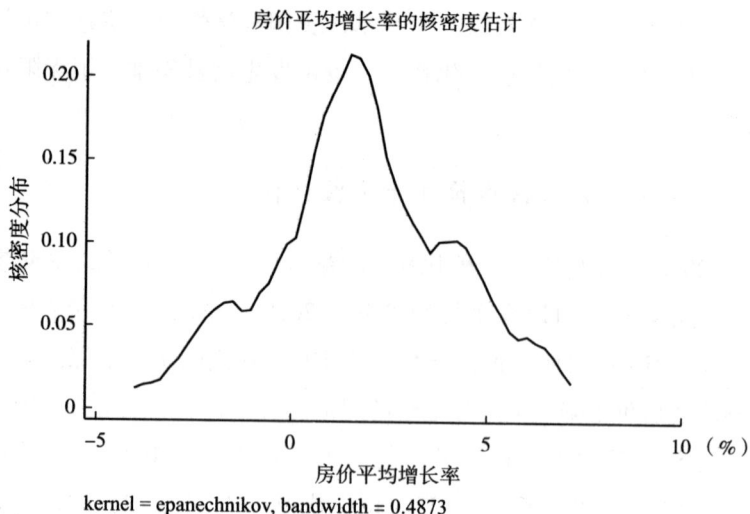

图 3 - 2　2000～2018 年全球主要国家房价平均增长率的核密度分布

具体在区域上的分布来看。将时间拉长后，实际房价平均增长率仍然下降的仅有俄罗斯、保加利亚、克罗地亚、印度尼西亚、希腊、拉脱维亚、日本、波兰、罗马尼亚共 9 个国家，其他地区平均增长率均为正。印度、立陶宛年均增长率超过 6%，中国、加拿大、卢森堡、巴西、新西兰、澳大利亚、瑞典年均增长率处于 4%～6% 区间。以色列、哥伦比亚、墨西哥、奥地利、挪威、比利时、法国、瑞士、芬兰、英国、马耳他年均增长率处于 2%～4% 区间。其他地区处于 0～2% 区间。可以发现，不同国家之间房价增长率存在较大的差异。但是这并不意味着一定存在泡沫，因为各国在经济发展程度、经济发展阶段不同。对于一个发展中国家，经济增长速度较快，城镇化率不断提高，可能房价的上涨并不是很大的问题。而对于一个人口负增长，城镇化已经完成的后工业化国家，不是特别高的房价平均增长率就可能累计出现房地产泡沫。所以要进一步看剔除决定房价的基本因素，进一步看房价偏离的分布情况。

（三）各国房价偏离存在较大差异

按照房价偏离的测算方法，进一步计算了部分国家的房价偏离经济基本面的情况。由于面板误差修正模型的估计要求平衡面板，为最大化样本量，并且为了与全球价值链下的产业升级指标对接，本部分选取 2005～2014 年 31 个国家进行泡沫程度的测度。可以发现整体而言相比 2005 年，部分国家的泡沫化程度有所加重，但是部分国家的偏离度却下降了。

此处应该注意的是，采用房价偏离方法测算出的房地产价格泡沫程度是一个相对数，是用房价取对数后减各国经济的基本面，其绝对数并无实际意义，并不是该数值大于零就一定有泡沫，小于零就绝对没有泡沫。该指标在使用时需要每个国家的纵向比较，不太适合各国之间横向比较。

第三节 全球价值链下产业升级的测度

为全面测度全球价值链下中国产业升级在全球各国中地位的变动趋势以及国内各地区存在的差异。一方面基于对外经济贸易大学全球价值链研究中心（UIBE GVC）的全球价值链指标体系，计算国家和行业层面的国内增加值率。参照蒂默（Timme，2014）、倪红福（2017）、毛海鸥和刘海云（2018）的方法计算出口技术含量。另一方面采用中国工业企业数据库和海关数据库合并后，首先计算出企业层面出口产品中包含的国内增加值率进而加总到城市层面，以反映中国城市全球价值链下的产业升级情况。

一、全球价值链下产业升级的测度指标

本研究对全球价值链下产业升级的测度主要从以下两个方面考虑：（1）出口技术含量。全球产业垂直分工的背景下，产业升级的直接结果就是一个国家和地区出口的产品中包含的技术含量的提高。（2）出口国内增加值率。出口国内增加值率是指一个国家和地区某一个行业

出口的产品中包含的国内创造的增加值的比率。增加值角度看全球垂直分工过程的产业升级可以表现为两个层面。第一是将低价值环节转移出去，集中资源生产高附加值环节。在国际产业分工的过程中，每个国家甚至每家企业将占有比较优势的增加值率比较高的环节保留在内部，而将不占优势的增加值率比较低的环节转移出去。对于美国等处于价值链高端的国家和地区而言，将低端的环节转移出去可以将更多的资源用于擅长的领域并创造更多的产出用于出口。所以，虽然出口的产品中国外附加值可能会由于进口零件的替代出现上升，但是更多的出口导致分母增大的幅度大于出口替代的幅度，所以也会导致国外增加值率的下降，即国内增加值率的上升。第二是技术水平提高，实现产业升级后从低附加值的生产环节攀升到高附加值的环节，即所谓的出口替代。这种情况多发生于在全球产业分工格局确定后一开始处于嵌入位置较低的发展中国家和地区。出口替代的结果同样表现为国内增加值率的提升。所以，全球价值链视角下产业升级程度越高出口产品包含的技术含量越高，国内增加值率越高。此处需要说明的是，影响出口国内增加值率的因素是多方面的，其中一个重要的因素是一个国家的对外开放水平。并不能绝对地说一个国家出口产品中包含的国内增加值率高就一定表示产业处于高级的状态，也可能是资源型国家，也可能是由于其他各种政治的、社会的因素。例如，俄罗斯由于受到西方社会的制裁，难以自由地嵌入全球价值链分工，并且俄罗斯具有丰富的天然气等自然资源，所以国内增加值率非常高。另外中国在加入世界贸易组织之前的国内增加值率也很高。我们分析的前提是其他因素不变，这在实证分析中主要通过增加控制变量并控制国家、地区和时间固定效应来剔除影响。

二、数据来源与数据说明

本书主要测度国家（地区）和行业层面的全球价值链下产业升级。国家（地区）和行业层面主要基于国家间投入产出表。国家（地区）间投入产出表主要有世界投入产出数据库（Word Input – Output Database，WIOD）发布的 2013 版本（40 个国家（地区），35 个行业，1995～2011 年数据，同时还有对应每个行业的社会经济账户及环境数据）、2016 版本（42 个国家（地区）56 个行业 2000～2014 年数据，同时还有对应每个行业的社会经济账户），亚洲开发银行（Asian Development Bank，ADB）发布的 2018 版本（62 个国家（地区），35 个行业，2000、2007～2017 年数据）。综合考虑数据的长度、覆盖面的广度以及配套的社会经济账户的数据，本书采用 WIOD 2016 版本进行相应的计算。

其中，国家（地区）和行业层面的出口技术含量、国（地区）内增加值率是基于 WIOD 2016 计算。对外经济贸易大学全球价值链研究中心基于该数据库计算的全球价值链指标体系，为本书在计算国（地区）内增加值率时节约了大量的时间和精力。在计算出口技术含量时，参考毛海鸥和刘海云（2018）的方法，将 56 个行业合并为 26 个行业。

三、出口技术含量

出口技术含量是反映全球价值链下产业升级的重要指标。某个国家（地区）某一行业产品的技术含量是该产品所有生产工序的技术含量的加总（Lall et al.，2006）。毛海鸥和刘海云（2018）在倪红福（2017）研究的基础上，基于全球投入产出表，从生产工序的视角，对出口产品的技术含量进行了测度，并且对出口技术含量进行了技术效应、结构效应和规模效应的三元边际分解测算，为本书后续的中介效应检验提供了严谨的可选变量。

为方便理解指标的含义，在此简单复述本书用到的指标的计算过程。对于一个典型的 G 个国家 N 个部门的世界经济，可以构建如下国家间投入产出（ICIO）模型。

表 3-1 典型国家（地区）间投入产出表

产出 投入		中间产出				最终产出				总产出
		1	2	...	G	1	2	...	G	
中间 投入	1	Z^{11}	Z^{12}	...	Z^{1g}	Y^{11}	Y^{12}		Y^{1g}	X^1
	2	Z^{21}	Z^{22}	...	Z^{2g}	Y^{21}	Y^{22}		Y^{2g}	X^2
	⋮	...	...	⋱	...	...	...	...	...	...
	G	Z^{g1}	Z^{g2}	...	Z^{gg}	Y^{g1}	Y^{g2}		Y^{gg}	X^g
增加值		Va^1	Va^2	...	Va^g					
总投入		$(X^1)'$	$(X^2)'$	...	$(X^g)'$					

其中 Z^{sr} 是 $N \times N$ 阶中间投入矩阵，表示 S 国生产的被 R 国使用的对应行业的中间品的量。Y^{sr} 是 $N \times 1$ 最终产品矩阵，表示 S 国生产的被 R 国使用的对应行业的某种最终产品的量。X^s 是 $N \times 1$ 阶总产出矩阵，表示 S 国生产的对应行业的总产量。Va^s 是 $1 \times N$ 阶增加值矩阵。直接投入系数矩阵可以表示为 $A = Z\hat{X}^{-1}$，$\hat{X}^{-1}$ 表示总产出对角矩阵的逆矩阵。增加值系数矩阵 $V = Va\hat{X}^{-1}$。

基于前面国家间投入产出表，产品的全部技术含量可以表示为：

$$T = A \times T + V \times TSI$$

其中 T 为全部技术含量列向量，每一个元素表示某个国家某个部门单位产出的全部技术含量。A 和 V 与前述一致。TSI 为直接投入对角矩阵，对角线上的元素表示这个部门最后生产工序的技术含量。上式将 T 解出可得：

$$T = TSI \times V \times (I - A)^{-1} = TSI \times V \times B$$

具体到国家 m 某个行业的单位产出的技术含量矩阵可以表示为：

$$DT = T \times V \times B$$

那么，当 m 国的出口向量为 E 时，出口技术含量可以表示为：

$$TIE = T \times V \times B \times E$$

直接技术投入向量 T 以行业劳动生产率向量表示，等于行业总产值除以行业就业人员数。B 为里昂惕夫逆矩阵 m 国子矩阵，$V \times B$ 表示

m 国的投入产出结构。E 的大小反映出口量的大小，也就是出口规模。据此，可以将出口技术含量分解为技术效应（当投入产出结构和出口规模不发生变化时，单纯由于技术投入大小的改变所引起的出口技术含量的改变），结构效应（当技术投入和出口规模不变时，单纯由于投入产出结构发生变化所引起的出口技术含量的改变），规模效应（当技术含量和投入产出结构不变时，单纯由于出口规模的改变所引起的出口技术含量的改变）。

四、国内（地区内）增加值率

传统的以最终产品中包含的国内增加值的计算方法已经不能适应当前以全球价值链为基础的分工体系（Lawrence. Lau et al.，2007）。因为出口中存在大量的中间商品的进口和出口。世界贸易组织数据显示，中间品贸易总额已经超过全球总贸易额的 2/3。并且随着国际投入产出的复杂化，单国模型也不能满足计算进口品价值的来源和出口品价值的去向，需要借助非竞争型投入占用产出模型。蒂默等（M. P. Timmer et al.，2014），王（Wang，2013）等均基于表 3-1 所示的 WIOD 的投入产出表对出口中的增加值进行了分解和测算。王直、魏尚进和祝福坤（2013，2017）在库普曼等将出口分解为 4 大部分 9 小部分的基础上进一步将出口分解为 8 大部分 16 小部分。这种基于总贸易流的分解方法解决了库普曼等只能分析一个国家的总出口，不能反映不同出口品在进行各种增加值和重复计算分解时的异质性问题。

如图 3-3 所示为王直、魏尚进和祝福坤（2017）基于贸易流对总出口的分解，其中第（1~8）部分为出口产品中包含的国内增加值，具体包括最终产品出口中包含的国内增加值（DVA_FIN）、中间产品出口后被进口国直接吸收的产品中包含的国内增加值（DVA_INT）、中间品出口后被第三国吸收的国内增加值（DVA_INTREX）和返回并被本国吸收的国内增加值（RDV）。其他部分为出口中包含的国外增加值和重复计算部分，统称为垂直专业化。

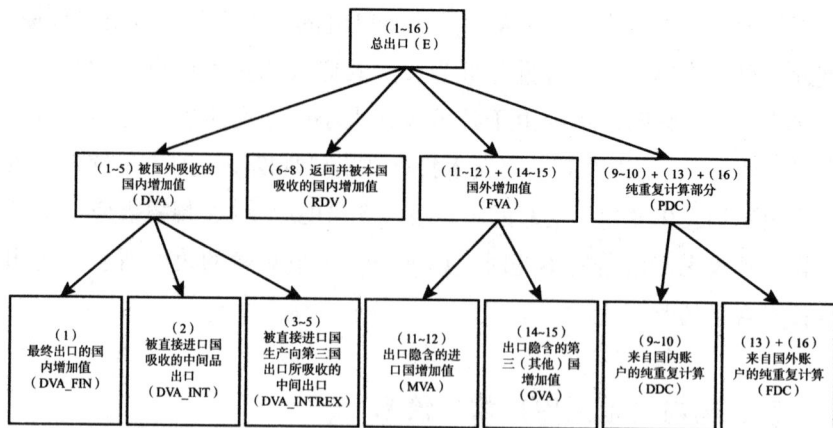

图 3-3 基于贸易流对总出口的分解

资料来源：王直，魏尚进，祝坤福. 总贸易核算法：官方贸易统计与全球价值链的度量 [J]. 中国社会科学，2015（9）：108-127，205-206。

因此，在国家（地区）和行业层面上国内增加值率的计算公式为：

$$T = \frac{DVA_{FIN} + DVA_{INT} + DVA_{INTREX} + RDV}{E}$$

五、全球价值链下产业升级现状描述

（一）出口技术含量的时空演变

根据上述计算方法计算出的结果显示，2000 年只有挪威的出口技术含量大于10000000，居世界第一位。这主要得益于挪威优越的石油、天然气储备和发达的船舶装备业，除自身消耗外，其余产量全部出口。澳大利亚、加拿大、德国、日本、英国和美国 6 个发达国家的出口技术含量也较高，位于第二区间。21 世纪初，新兴的信息产业和电子制造业提高了发达国家出口产品的附加值，因此处于全球价值链的生产研发高端。相比之下，中国、巴西、印度尼西亚、希腊、瑞士、塞浦路斯、西班牙、芬兰、法国、意大利、荷兰、波兰、葡萄牙、瑞典、土耳其、奥地利、比利时、丹麦、匈牙利、爱尔兰、韩国、卢森堡、罗马、斯洛伐克和中国台湾地区 25 个国家和地区出口技术含量较低，位于 10000 ~ 100000 区间。保加利亚、克罗地亚、爱沙尼亚、印度、拉脱维亚、立陶宛、马耳他、墨西哥、罗马、俄罗斯、捷克和斯洛文尼亚 12 个国家出口技术含量小于 10000，处于最末位区间。

与 2000 年相比，2014 年出口技术含量大于 10000000 的国家由原来的一个增加到五个。澳大利亚、加拿大、德国和美国出口技术含量增长迅速，与挪威一同跻身于第一梯队。中国、巴西、比利时、丹麦、法国、爱尔兰、意大利、日本、韩国、卢森堡、西班牙、瑞士、瑞典、英国、荷兰也保持较快增长，出口技术含量大于 1000000，进入第二区间。相比之下，日本和英国的出口技术含量与其他发达国家相比涨幅较小，原因在于日本和英国虽然为发达国家，但是出口技术含量重要的部分是出口规模，随着美国霸权以及中国世界工厂地位的确立，英国和日本的国际贸易占比下降，因此两国的出口技术含量偏低。出口技术含量小于 10000 的国家由 2000 年的 12 个国家减少至俄罗斯和墨西哥两个国家，说明全球来看，各个国家的经济和技术发展水平都有较大的提升，因此，出口技术含量也出现明显上升。

（二）国内增加值率的时空演变

1. 国家层面的国内增加值率

（1）国内附加值的波动有明显的国家发展特征。

如图 3 - 4 分别为美国、中国、澳大利亚、巴西、加拿大、德国、法国、英国和日本 9 个国家 2000 ~ 2014 年国内增加值率随时间变化的趋势图。除在 2008 年全球金融危机背景下，各个国家和地区为满足自身国内生产和消费从而具有较高的国内增加值率，整体来看，全球主要国家国内增加值率的变化趋势主要分为三类：上升趋势——以中国和英国为代表；平稳趋势——以美国、澳大利亚和巴西为代表；下降趋势——以德国、法国、加拿大和日本为代表。

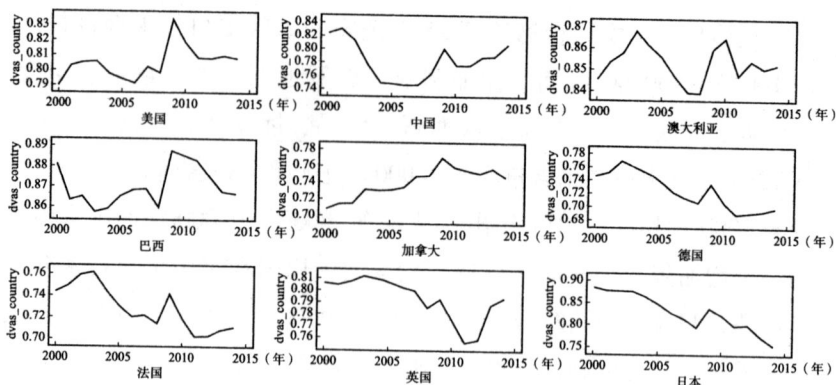

图 3-4　主要国家国内出口增加值率变动趋势

　　在 21 世纪初期，中国同美国、澳大利亚、德国、加拿大、日本、英国、法国等发达国家的国内增加值率都有小段时间的上升，但与发达国家国内增加值率上升得益于工业化进程的高速发展和高质量水平不同，中国国内增加值率上升主要受 2000 年加入世贸组织，开始嵌入全球价值链垂直分工体系的影响。由于技术水平和创新研发能力的限制以及人口红利的不可持续性，中国早期只能嵌入全球价值链低端的加工生产环节，国内增加值率得到短暂的提升后开始下降。2009 年前后，随着全球性金融危机带来的负面影响逐步被消化转化，全球经济开始复苏，各国重新参与到全球价值链的研发、生产、销售等环节中去，各国国内增加值率均有所下降。2010 年以来，中国、法国和英国国内增加值率呈上升态势。其中中国由于开始注重研发创新和产业升级，并且政府开始注意并加以纠正加工贸易导致的低端锁定问题，国内增加值率持续上升，从全球价值链低端向中高端跨进；法国和英国虽然处于去工业化阶段，工业增加值占比下降，但服务业对 GDP 的贡献较高，因此国内增加值率也有所提升。美国、澳大利亚、加拿大和德国国内增加值率较为平稳，其中美国虽然意识到实体经济萎靡，提出的"再工业化"政策并没有改变工业增加值占比下降的趋势，但得益于美国早期工业化积累，工业化所占比例虽然下降，但其创造的附加值较大，因此国内增加值率较为平稳。因此，可以看出，全球主要国家和地区的国内增加值率具有典型的国家发展特征。

（2）全球主要国家国内增加值率体现两极分化特征。

下面考察 2005 年和 2014 年全球主要国家的国内增加值率分布情况。之所以选择 2005 年和 2014 年进行对比的原因在于：一是规避 2000 年中国刚刚加入世贸组织带来的短暂性国内增加值率大幅度上升的影响，2005 年前后国际形势较为平稳，国内增加值率受外部影响较小；二是受限于最新可获得的数据，由于最新获得和计算的数据截止到 2014 年。因此，本研究综合选取 2005 年和 2014 年两年数据作为对比分析。

2005 年俄罗斯、巴西、澳大利亚、挪威、日本、印度尼西亚、印度、英国和希腊 9 个国家的国内增加值率较高，均高于 0.8，其中俄罗斯的国内增加值率更是超过 0.9；美国、中国、加拿大、瑞士、塞浦路斯、德国、西班牙、芬兰、法国、克罗地亚、意大利、拉脱维亚、荷兰、波兰、葡萄牙、罗马、瑞典、土耳其 18 个国家和地区的国内增加值率在 0.7 ~ 0.8 区间；奥地利、比利时、保加利亚、捷克、丹麦、爱沙尼亚、匈牙利、爱尔兰、韩国、立陶宛、卢森堡、墨西哥、马耳他、罗马、斯洛伐克、斯洛文尼亚、中国台湾地区 17 个国家和地区的国内增加值率小于 0.7。不难发现，全球主要国家和地区的国（地区）内增加值率处于中等水平。

与 2005 年数据相比，2014 年国内增加值率大于 0.8 的国家由原来的 9 个减少为 7 个，其中日本、英国和印度的国内增加值率下降至 0.7 ~ 0.8 区间，跌幅分别为 11%、1.65% 和 3.72%；希腊下降幅度最大为 13.34%，下降至小于 0.7 区间；中国和美国的国内增加值率超过 0.8，涨幅较大，分别为 7.9% 和 1.7%。0.7 ~ 0.8 区间由 18 个减少为 12 个，丹麦、西班牙、芬兰、拉脱维亚、荷兰、波兰和葡萄牙下降幅度较大，国内增加值率小于 0.7。俄罗斯、澳大利亚、挪威等多个国家，虽然并没有改变其国内增加值率原有区间，但是也有不同程度的下降。因此，由 2005 年和 2014 年的全球主要国家的国内增加值率分布情况可以看出，随着全球价值链垂直分工体系的不断发展和健全，国内增加值率体现出两极分化的特点：较高的国内增加值率集中分布在更少的国家和地区手中，更多国家和地区的国内增加值率下降，甚至下降至较低区间。

2. 工业行业出口国内增加值率

考察 2005 年和 2014 年全球主要国家（地区）工业增加值率，由于各个国家和地区多凭借工业生产加工参与全球价值链垂直化分工体系，因此全球主要国家工业增加值率分布情况与国内增加值率分布情况基本一致。2005 年国内增加值率大于 0.8 的国家从高到低依次为俄罗斯、挪威、巴西、澳大利亚、日本、印度尼西亚、印度、英国和希腊 9 个国家；第二区间中包括以中国、美国、加拿大、法国为代表的 18 个国家和地区；第三区间包括奥地利、比利时、保加利亚等 17 个国家和地区。

2014 年全球主要国家（地区）的工业增加值率整体呈现下降趋势。日本、德国、英国、法国等发达国家和地区可能由于服务业、电子计算机等新兴产业经济成为发达国家的主导产业，导致工业增加值率有所下降。其中英国和日本工业增加值率下降幅度较大，分别为 8.06% 和 7.51%。澳大利亚、挪威、法国、巴西、俄罗斯等国家和地区也有一定程度的下降。与 2005 年相比，中国和美国工业增加值率都有所上升，但其上升幅度和上升原因都有所不同。中国工业增加值率上涨 8.54%，得益于研发能力和生产技术的不断提高，由早期嵌入全球价值链的低端向中高端转移，从而获得更多的工业附加值。而美国的工业增加值率在其后工业化阶段还能上涨 0.67%，得益于"再工业化"政策和较高的工业生产效率和生产技术经验的累积。但同国内增加值率情况类似，全球主要国家的工业增加值率整体也呈现下降趋势。

3. 计算机等高端产业增加值率

考察 2005 年和 2014 年全球主要国家（地区）计算机等高端产业增加值率分布情况。该产业的国内增加值由世界进出口数据库（World Input - Output Database, WIOD）投入产出表中 C26（Manufacture of computer, electronic and optical products, 计算机、电子和光学产品制造产业）和 C27（Manufacture of electrical equipment, 电气设备制造行业）

两个行业的国内增加值总和整理计算，并把两个行业的国内增加值综合与其总出口的比值衡量计算机等高端产业增加值率。2005年，俄罗斯、日本和澳大利亚的高端产业增加值率较高，依次为0.87、0.84和0.81位于第一区间；希腊、瑞士、意大利、挪威、法国、瑞典、美国、英国、印度尼西亚、克罗地亚、芬兰、德国、巴西、荷兰和西班牙高端产业的增加值率也在均值之上。而与之相比，中国2005年的高端产业增加值率仅为0.62，与西方发达国家差距较大，这与中国刚刚入世不久，计算机等新兴技术产业尚未发展，嵌入全球价值链低附加值一端关联密切。

2014年，俄罗斯、澳大利亚、巴西、美国和瑞士的高端产业增加值率依次为0.86、0.79、0.79、0.77和0.77。日本的高端产业增加值率下降至0.76，与2005年相比跌幅达9.5%，退出第一梯队。紧随其后分别为希腊、挪威、意大利、印度、西班牙、英国、德国和瑞典。中国高端产业增加值率为0.71，较2005年有较大的提升，上涨14.5%，但依旧处于较低水平，与其他国家相比还有较大差距。这也表明中国的高端产业技术水平和创新研发能力有待提高。

第四章

全球价值链下房地产泡沫影响产业升级的机理分析

房地产泡沫对产业升级的影响路径，取决于房地产在经济中的功能。房地产的首要功能是居住，那么当房地产领域出现泡沫后影响的是家庭的消费行为。房地产的另一个基本功能是生产场所，无论是工业领域还是行业领域，在面对房地产泡沫时都面临成本上涨和溢价增值的双重效应。除去基本功能，如果某个地区的房价持续上涨，在消费者和企业中会导致投机的产生。那么本来用于消费和实体生产的资金会流向房地产领域，导致资金的脱实向虚，甚至会导致经济的脱实向虚。这种资源的跨行业转移同样也会出现在劳动供给行业。微观领域的影响最终会通过资源的重新配置反映到宏观领域，表现为技术水平的改变、经济结构的改变和进出口规模的变化。最终影响到出口技术含量、全球价值链参与和全球价值链下的产业升级。因此，本部分分析影响机制，首先分析微观领域，先从房地产泡沫下的家庭和企业行为入手，分析房地产泡沫形成过程中消费者行为的改变和企业行为的改变。进一步将微观经济主体的行为反映到宏观领域，探讨宏观影响机制。

第一节　房地产泡沫对微观主体的影响

一、房地产泡沫与家庭决策

1. 房地产泡沫与消费和储蓄行为

当房地产泡沫形成时，房地产价格持续上涨并且上涨幅度大于收入的增长幅度。对于消费者的影响需要首先区分上涨前是否已经有住房以及住房是否还有未偿还的贷款。若消费者已经有住房并且没有贷款，那么房价的上涨会带来消费者财富的增加，从而由于财富效应（2010）促进消费。若对有房，但是贷款尚未还清的家庭，则财富效应和房奴效应并存，最终对消费的影响方向取决于二者的大小比较。若在房地产泡沫上涨时没有自由住房，房价上涨往往会在不同程度上带动房租的上涨，家庭的居住成本上升。若还打算在不久的将来购买自有住房，那么需要进一步降低消费以积累买房所需要的最低资金要求，即首付。

若房价上涨速度快于收入的上涨速度，那么房地产泡沫的形成相当于财富的再分配，有房的人财富增加，无房者的财富减少，从而造成贫富差距的扩大。对此，已经有大量文献进行了研究。进一步，不同收入群体的消费结构是不一样的，房地产泡沫不仅仅通过上述途径影响消费总量的大小，还会影响消费结构。因为富裕的家庭消费的高端商品比例高，而在房奴效应和租金效应影响下收入较低的家庭，其消费主要为中低端消费。因此，房地产泡沫产生后可能会增加高端消费，尤其是国际商品的消费，降低中低端消费。这就是或许可以在一定程度上解释亚马逊在撤出中国市场的同时保留了全球购版块，也可以在一定程度上说明各种奢侈品和高端产品大卖与拼多多、折800、京喜等拼购打折软件火爆并存的原因。

上述逻辑建立在所有人买房是为了基本的居住需求，也就是刚性需求。然而在房地产价格持续过程中，如果公众已经形成了继续上涨的预期，那么无论有没有自有住房，都有一定比例的人继续贷款买房，从而形成投机性需求。这一方面会进一步抑制消费，另一方面从消费减少的钱虽然成为广义的储蓄，但是并没有通过直接或者间接融资渠道进入实体经济，反而要么已经进入房地产市场，要么在去往房地产市场的路上，留存于余额宝、固定收益等各种理财产品中。房地产泡沫下家庭行为分析如图 4-1 所示。

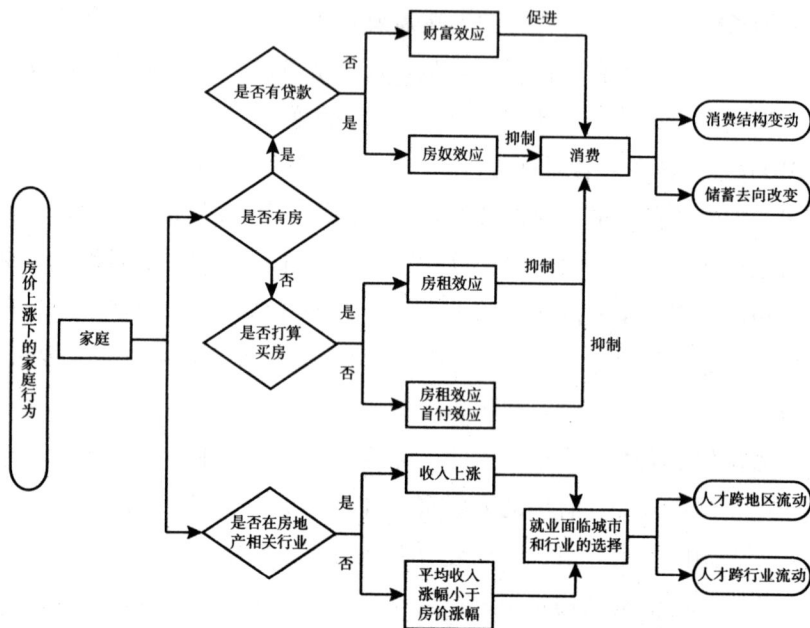

图 4-1 房地产泡沫下家庭行为分析

2. 房地产泡沫与劳动力供给

房地产泡沫造成居住成本的上升，若收入水平上升幅度小于房价或者房租的上涨幅度，那么消费下降导致家庭的生活质量将会受到影响。这可能会导致以下几种后果。首先，家庭生活质量的下降。若能够在高房价的城市坚持，要么需要降低要求，居住在更小的房子中。

所以存在城市越大房子越小的现象（张延群，2015）。当然这种说法是不严格的，例如，厦门城市很小，但是高房价导致人均居住面积较低，甚至低于北京的人均居住面积。2017 年厦门城市人均居住面积为 30.85 平方米，北京为 34.23 平方米。总体上可以说房价越高房子越小。其次，职住分离导致通勤成本的上升。如果不选择住在更小的房子中，那么就需要住在更加偏远的地方，这导致了北京市天通苑这种大型"睡城"社区的存在，也导致了部分跨城上下班人士的存在，北京、上海、深圳周边存在一定比例的跨城通勤工作人员。职住分离导致通勤成本大幅度上升。这种成本不仅表现在交通费用的上升，更表现在通勤时间的提高，以及由于通勤时间过长造成的员工的精神状态的不佳。上述两点会降低劳动者的劳动效率。最后也是最重要的，高房价会导致部分人才的流失。这种流失一方面表现为人才转移到金融、房地产等行业。长期房地产价格持续上涨，房地产和金融行业的利润率高于制造业平均水平，那么就会出现高考填志愿时相同档次的学校中经济金融类专业分数往往比较高，会出现制造类企业的人才转移到其他行业。另一方面表现为人才的跨地区流动，也就是所谓的"逃离北上广"现象。

所以房价上涨和高房价会导致劳动效率的下降和劳动力向金融房地产领域的转移。当然也有部分文献认为高房价本身是一种筛选机制，会留下劳动效率高和掌握先进技术的人才。

至此，我们分析了房地产泡沫对家庭的消费、闲置资金流向和劳动力供给的影响，为下面分析企业行为奠定了基础。家庭行为对全球价值链下产业升级的影响主要通过影响企业行为，进而产生宏观影响表现出来。

二、房地产泡沫与企业行为

在全球价值链垂直分工的背景下，企业利用本地可获得的资源和技术条件，嵌入全球价值链生产体系中。面对房地产泡沫的冲击，企业可获得资金、投资方向、创新支出、员工选择甚至地址选择都会受到重要的影响，进而在全球价值链下的产业升级路径也会受到影响。如图 4-2 所示，以房地产泡沫形成为背景，梳理房地产泡沫对企业产生影响的机制，进一步分析在各种机制作用下企业可能的行为，最终落脚到创新驱动下技术升级导致的企业价值链攀升，资源重新配置后跨行业转移导致的企业非实体化，全球价值链下国际产业分工导致的企业海外转移等。

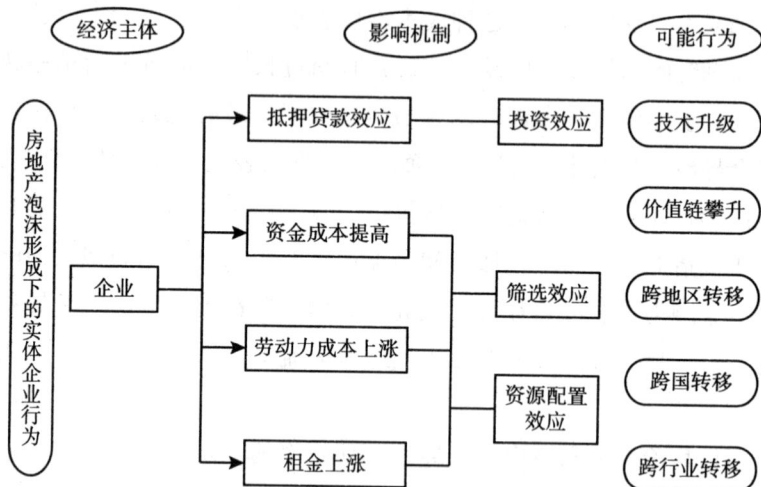

图 4-2 房地产泡沫形成下的实体企业行为分析

1. 房地产泡沫、创新与企业价值链攀升

制造业价值链升级主要遵循工艺流程升级、产品升级、功能升级和链条升级的演变路径。升级意味着可以领先于同行业中的竞争者，从而获得超额经济利润。对于一家企业而言，任何一种升级都是其追求的目标，最终实现价值链攀升则需要在每一个环节内由量变到质变，逐步升级。企业的转型升级之路需要务实于某一个熟悉的领域、需要大量的研发投入。研发投入作为沉没成本却不一定能够为企业带来预期的新产品或者新技术，单纯地重复已有的产品生产则有可能导致利润率下降甚至被追求日新月异的消费者抛弃，企业也有可能陷入内卷。

然而，如果宏观经济中再出现房地产泡沫，企业的价值链攀升之路将会再次增加不确定性。

先分析房地产泡沫对企业创新进而对价值链攀升的不利影响。首先，房地产泡沫损害了企业家精神，尤其是实干家精神。在房地产价格上涨加快的时期，大部分行业的利润率低于房价的上涨率，尤其是中低端制造业。这会降低企业家进行创新的积极主动性。这种情况下，企业家难以守住实体经济继续发展，更何谈创新和产业升级。其次，虽然房地产泡沫时房价上涨速度小于工资收入的上涨速度，但是房地产价格上涨引起劳动力成本和资金成本的上涨，挤压企业的创新性投入。房地产泡沫形成对家庭劳动力供给的影响将会传递到企业。房地产泡沫引起人才流出[①]导致劳动力供给减少，工资上涨，从而企业的人工成本增加。再次，房价上涨也导致资金过多地流向房地产金融等虚拟经济领域，实体企业会出现融资难和融资贵等问题。土地作为稀缺性资源，其他领域房地产价格上升也会带动工业用地或者厂房租金价格的上涨，这再次推动了企业成本的提升。企业成本上升，进一步挤压企业的创新性投入，阻挡企业价值链之路。

当然，房地产泡沫尤其是温和的房地产泡沫也可能会有利于企业的创新。企业融资往往用土地或者房地产作为抵押，房地产价格上升可以优化资产负债表，企业能够获取更多的资金，从而能够更好地安排生产用于创新。这种影响渠道在已有的文献中往往被称为抵押贷款渠道。高房价对资源和企业还存在筛选效应（余泳泽和李启航，2019）。就人力资源方面来说，能够留在高房价地区工作的人，往往是工作效率高或者高技能人才，这就会导致房价对人才的筛选。当然北京和上海等大城市，为了控制人口规模，防治大城市病的加剧，在外来人口落户政策上也往往仅接受高端人才，例如专家型人才、国际高端型人才、创新开创型人才和优秀杰出型人才。平均而言，高端人才

---

① 这种人才流出是属于结构性和地域性流出，越来越多的人脱离实体行业，加入服务业中，也有部分人从房价负担重的地区流向房价负担轻的地区。

的创新能力强，这会推动企业创新。当然，企业也必须通过不断创新提高利润空间，才能在高房价地区存活下去。

一般而言，当房价处于较低水平时，温和的房地产泡沫对企业创新的影响主要表现为抵押贷款对融资约束的缓释，其他的不利影响尚未表现出来。但是一旦出现了一定时间的房地产价格持续上涨，给予公众稳定的预期并且房地产价格处于高位后，不利影响将会大于正向作用。房地产泡沫会抑制企业的创新从而阻碍企业的价值链攀升。（王文春和荣昭，2014；张媛媛和夏明，2020）总之，无论是正向还是负向影响，一个重要的中介变量便是创新，房地产泡沫首先对创新产生影响进而影响了企业的转型升级。

2. 房地产泡沫、企业非实体化与资源配置

胡润富豪榜每年上榜的都是从市场的角度衡量的在各自领域最出色的企业家。2015 年胡润全球富豪榜前 500 位中有 58 位从事房地产业，中国富豪榜中前 500 位中有 124 位从事房地产。但看中国前 100 位，结果更明显，有 32 位从事房地产。2020 年全球疫情形势严峻，但是全球富豪榜前 500 中仍然有 58 位。中国在"房住不炒"原则的控制下，各地房地产开始降温，甚至部分地区房价出现了同比下降。2020 年中国胡润百富榜中前 100 名仍然有 22 位为从事房地产业。在从事房地产业的富豪背后，既有恒大地产、碧桂园等专门从事房地产的公司，也有美的、恒力、迈瑞、苏宁等原本从事家电制造、化纤石化、医疗器械、零售等其他行业的企业集团涉足房地产。[1]

在房地产泡沫形成的过程中，房价上涨本身就是利润提高。相比其他实体类制造业较高的技术门槛，房地产业是一个技术门槛非常低的行业。面对房地产泡沫造成的土地、劳动力和资金成本的上升，进一步挤压了制造业的利润空间，在房地产市场的诱惑下大量企业从实体行业转行进入房地产。荣昭和王文春（2013），对中国 2001～2008 年 35 个大中城市非房地产上市公司进行分析，发现了房价上涨吸引非

---

① 数据来源：胡润百富 https：//www. hurun. net/。

房地产上市公司进入房地产业。截至 2019 年 9 月底，有超过 1800 家 A
股上市公司持有投资性房产，占整个 A 股上市公司数量的 48%，合计
持有房产的市值超过了 13000 亿元，以每套房子价值 100 万元来算，相
当于这些上市公司持有 133 万套房。资本逐利的天性导致资金流向利
润率更高的地方，但是房地产技术含量低，并不能促进技术升级。所
以，这些原本该配置到实体企业尤其是企业研发的资金流向房地产市
场，是一种低效率的资源配置，导致资源配置的扭曲（张巍等，
2018），进而影响企业在全球价值链配置过程中的产业升级（许家云和
张巍，2020）。

3. 房地产泡沫与企业迁移

面对由房地产泡沫引起的土地、资本和劳动力价格的攀升，实体
企业可能按照上文分析的路径选择部分甚至全部转身进入房地产行业
以提高回报率，抵消成本的上升。然而并不是所有企业都会选择涉足
房地产业或者持有投资性房地产。那么这些企业可能的选择是不断创
新，提高市场占有率，以提高利润水平。这种倒逼机制会提高企业的
生产效率，也将会促使企业实现升级。但是，创新是困难的，尤其是
劳动密集型和土地粗放型经营的实体类企业。在全球价值链垂直分工
中，很多企业能够嵌入全球价值链的关键在于廉价劳动力等低成本的
优势，属于成本敏感性行业。那么面对不断攀升的要素成本，短时间
内难以实现创新或者企业本身就属于承接的价值链上无法创新的环节，
这时企业能做的选择或许只有迁移到成本更低的地区，以寻求更廉价
的生产要素。

企业的迁移选择可能为国内的跨地区选择也可能是跨国选择。目
前来看，大多数中小企业，尤其是内资企业会优先选择国内跨地区转
移。一线城市周边的郊区和二三线城市的快速发展，得益于承接了大
量从高房价地区转移出来的加工环节。研究组在调研的过程中，对北
京天津周边、上海周边以及广州和深圳周边的城市的企业进行了深度
调研。发现随着大型城市的发展，房地产价格不断攀升，都出现了加
工等低端制造环节的转移，这可以看作是全球价值链在中国不同地区

的垂直化分工。这种企业内部迁移会有两方面的影响。首先，可能会导致国内价值链的延长。全球产业分工中发达国家占据研发、设计等高附加值环节，将原材料、加工等低附加值环节转移到发展中国家（张辉，2004）。在国内企业的转移过程也遵循这样的规律，高附加值环节留在了发达的城市，被转移出去的往往是低附加值环节。从全国范围来看，这种低端保留国内、高端继续进取的转移方式有利于价值链长度的延长。正是这种转移方式，使得中国成为全世界唯一拥有联合国产业分类中所列全部工业门类的国家（石勇，2015）。其次，企业会被动转型升级。无论是继续留在高房价地区的企业还是转移到其他地区的企业，在整合和融入产业链的过程中会存在向价值链上游攀升的内在驱动力（毛蕴诗和郑奇志，2012）。产业的内部转移让更多的企业参与到价值链中，也让更多的企业接触到了学习型技术进步的机会。所以理想状态下，房地产泡沫导致的企业在国内的产业转移会可能导致整个国家产业链长度的延长和整体的产业升级。

然而，不可忽视的是，我们不仅进行内部经济的循环，还需要在全球产业链中与世界上任何一个国家和地区的企业进行竞争。产业集群和产业链的形成必然存在集聚性，然而当成本优势不存在时可能会被其他地区所取代，当一个地区具备了新的竞争优势时其他的环节又会进入。2000年前后，山东省青岛市等沿海地区，利用周边大量剩余劳动力和距离消费市场近的巨大优势，承接了大量来自日本、韩国的服装、首饰等加工环节。到2008年前后，外资企业出现非正常撤离现象，恰恰也集中于服装加工、纺织和木质家具加工等劳动密集、缺乏技术含量的中小企业。这些企业重新布局大多选择了越南等劳动力价格更低的国家地区。这种情况，部分源于金融危机下中小型外资企业面对海外需求的萎缩，自身抗风险能力低，导致了亏损。还有一部分原因在于中国劳动力和土地等要素价格的上升。这种外资的进入和撤离在其他地区（如东莞、大连等城市）和其他行业（如低端电子组装加工行业）也出现过。可以理解为全球价值链垂直化分工的正常现象，但是房地产泡沫导致的劳动力和土地等资源成本的上升，加速了这种转移。最好的结果是，在企业嵌入全球价值链的过程中，中国的企业已经顺利实现了转型升级，转移出去的是对于我们而言已经属于低附加值的环节。而最坏的结果是，企业尚未完成转型升级或者没有机会进行产业升级，而相关的产业集群已经开始转移。目前来看，房地产泡沫正在引导走向后面的方向。

受房地产泡沫影响后，为寻求低价要素而在国内迁移，后实现转型升级的恰当例子是富士康。富士康伴随着中国制造业大国的形成而不断壮大，其在中国大陆的发展之路也是中国电子制造业的转型升级的缩影。富士康是中国台湾地区的一家高科技公司，最开始承接的是全球价值链垂直化分工中的电子产品加工环节。其于 1988 年开始在中国深圳投资建厂，随后从珠三角到长三角到环渤海，从西南到中南到东北，在中国大陆建立了三十多个园区。这些园区从最开始的深圳、上海、北京等一线城市，逐步向郑州、武汉等二线城市覆盖，甚至在佛山、淮安、营口、嘉善、鹤壁、菏泽等三四线城市落地。并且，随着富士康在电子行业的耕耘，逐渐由一开始的纯代工模式，发展到高附加值的代工环节，并逐渐开始生产自有品牌的产品，实现了产业转型升级。

第二节　从微观到宏观影响机制分析

图 4-3 为房地产泡沫对全球价值链下产业升级从微观到宏观的影响机制图。微观行为是宏观表现的基础，但宏观经济不是微观经济的简单加总。房地产泡沫对经济的影响通过家庭和企业等微观经济主体的行为，通过一定的渠道，最终影响到经济中产业在全球价值链下的转型升级。综合房地产泡沫对经济主体和宏观经济的影响，结合出口技术含量测度部分，对出口技术含量的组成部分的分解，本研究将宏观影响机制归纳为规模效应、技术效应和结构效应。本节第一部分分析规模效应机制，是指房地产泡沫通过影响出口规模的大小，进而影

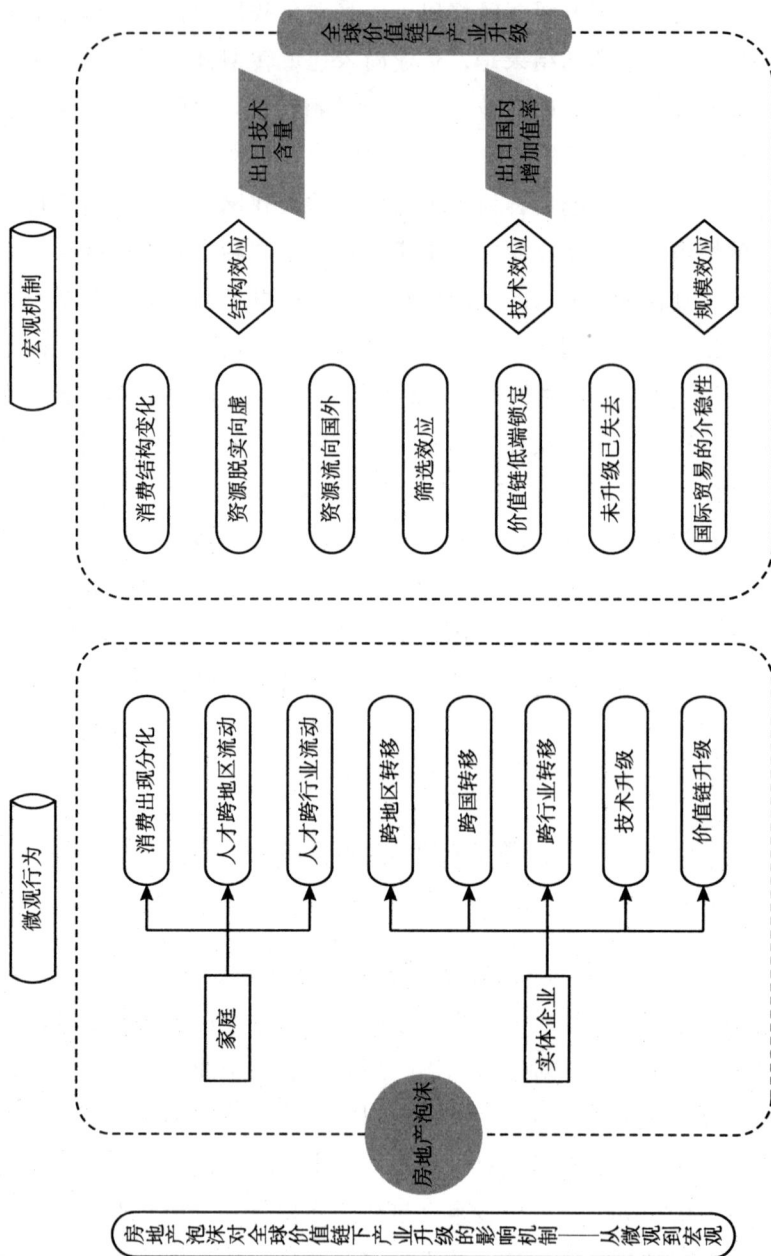

图4-3 房地产泡沫对全球价值链下产业升级影响机制

响到全球价值链下的产业升级，该部分内容一方面将房地产泡沫与国际贸易建立联系，另一方面分析房地产泡沫对出口的作用方向。第二部分分析技术效应。承接微观分析中房地产泡沫对创新的影响，房地产泡沫通过影响研发投入、科技产出等作用于劳动生产率和全要素生产率，进而作用于产业升级。第三部分分析结构效应。劳动者的跨产业、专业、企业和跨地区转移，都会引起一个国家或地区内部要素结构、产业结构、投入产出结构等的结构性变化，这些结构性改变会影响经济体在全球价值链分工中的地位、影响全球价值链的长度和出口技术含量的大小，即全球价值链下的产业升级。

一、规模效应

提到房地产对全球价值链下产业升级的影响，很多人直觉上会想，房地产作为不动产不能进行国际贸易，怎么会影响进出口？然而，我们要清楚，货币和产品是经济这枚硬币的两个方面。过去几个世纪全球价值链进行垂直化分工的同时也是全球化金融化的过程，恰巧也是房地产金融化的过程。下面，将通过一个简单的宏观经济模型，来说明房地产泡沫与进出口规模和资本流动之间的关系。

开放经济条件下，支出法表示的国民经济核算可以表示为：

$$Y = C + I + G + X - M$$

其中，Y 为产出水平，C 为消费者消费支出，I 为投资支出，G 为政府购买支出，X 为总出口，M 为总进口。X － M 表示净出口额，也就是我们通常说的经常账户余额 CA。

储蓄 S 等于公共储蓄和私人储蓄之和。公共储蓄等于 T － G，私人储蓄等于 Y － C － T，所以 S = Y － C － T + T － G = Y － C － G。

整理可得：

$$CA = S - I$$

这是经典的国民收入账户恒等式，经常账户余额等于负的资本账户余额，或者说二者之和为零。若 CA > 0，说明本国生产产品和服务销往国外的部分大于购买的国外的商品和服务，简化分析可以将进出相等的定义为零，即 CA > 0 表示本国生产了没有被本国消费者或者投资者买走的产品和服务。这时 S－I > 0，说明国内投资机会不足，导致资金剩余，那么这些资金将到国外寻求投资机会。此时基本净流出。反之则反是。

参照巴斯科（Basco，2014，2018），进一步还可以从资产（股票、房地产等均是资产）的供求来定义经常账户余额：

$$CA = A - D - B$$

其中 A 表示资产的需求（储蓄），D + B 表示资产需求。D 表示借贷，B 表示泡沫。在封闭经济中 CA = 0。A － D = B，说明资产短缺，那么就会产生泡沫。在开放经济中，若出现资产短缺，CA 将大于零，因为部分资金将去购买国外的资产，相比封闭经济条件下，B 将减小。CA 和 B 存在此消彼长的关系。也就是房地产泡沫增加将会抑制净出口。

图 4－4 为巴斯科（Basco，2018）绘制的美国、加拿大、西班牙、哥伦比亚、爱尔兰和澳大利亚 6 个发达国家 1980～2016 年房地产价格与净出口之间的关系，发现大多数发达国家房地产价格指数和净出口呈负相关。进一步看中国的情况，如图 4－5 所示。2000～2019 年由于房地产价格一直处于上涨状态，而净出口存在波动，难以观察它们之间的关系。而从房地产价格增长率和净出口图中可以看出，二者存在明显此消彼长的关系。微观层面上彭冬冬和杜运苏（2016）通过中国制造业企业分析发现房价上涨会抑制企业的出口规模。

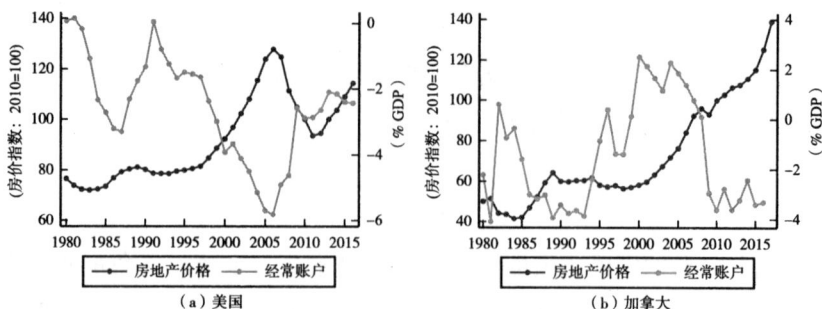

（a）美国

（b）加拿大

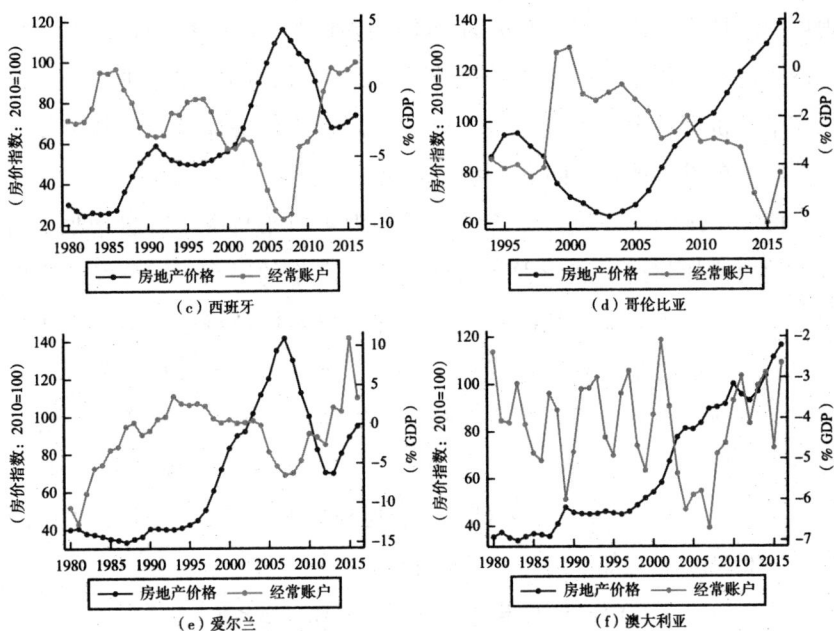

图 4 - 4　房地产价格与经常账户

资料来源：Basco S，Sangster. Housing Bubbles ［M］. Springer International Publishing, 2018，P41.

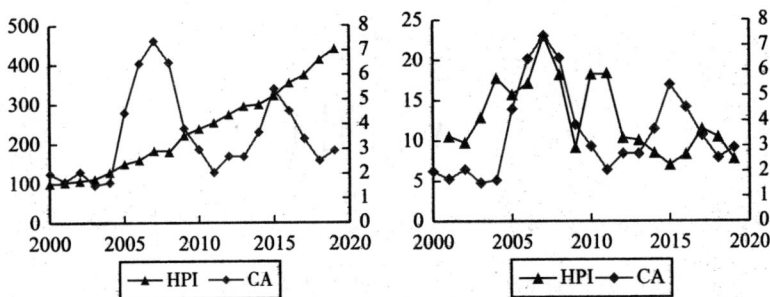

图 4 - 5　中国 2000 ~ 2019 年房地产价格与净出口

二、技术效应

微观机制中房价上涨和房地产泡沫的形成会通过创新影响企业的转型升级，宏观上是不是也存在房地产市场对技术进步的影响呢？宏观层面的技术进步对产业升级的影响可以通过生产效率的提高来实现，无论是对全要素生产率还是劳动生产率的上升，都可能促进一个经济体在全球价值链上的产业升级。因此，需要研究房地产市场与劳动生产率和全要素生产率之间的关系。

按照传统经济理论，经济增长的动力主要来自资本存量增加、有效劳动力增加和技术进步引起的全要素生产率的提高。随着经济实践的演进，房地产等虚拟经济逐步发展并脱离实体经济。在房地产领域表现为房价偏离基本的生产成本，主要资源在房地产领域内循环，并不断吸引新的资源进入，相对地减少了实体经济的可支配资源。现有研究逐步将资本区分为实体资本和虚拟资产等虚拟经济资本。因此，在传统的 C–D 生产函数的基础上，考虑规模报酬不变的情形，参照况伟大（2011）建立如下经济增长模型：

$$Y_t = A_t H_t^{\beta_1} K_t^{\varphi} L_t^{1-\beta_1-\varphi} \quad 0 < \beta_1, \ \varphi < 1$$

其中，下标 t 表示年份，Y_t 为经济总产出水平，A_t 为全要素生产率，H_t 为房地产投资额，K_t 为非房地产资本存量，L_t 为就业人数，β_1、φ 和 $1-\beta_1-\varphi$ 分别为房地产投资、非房地产资本存量和劳动的产出弹性。

上式两端同时除以 L_t，可得：

$$\frac{Y_t}{L_t} = A_t \left(\frac{H_t}{L_t}\right)^{\beta_1} \left(\frac{K_t}{L_t}\right)^{\varphi}$$

令 $lp_t = \frac{Y_t}{L_t}$ 表示劳动生产率，$h_t = \frac{H_t}{L_t}$ 为人均房地产投资额，$k_t = \frac{K_t}{L_t}$ 为人均非房地产资本存量。则上式就可以表示为：

$$lp_t = A_t h_t^{\beta_1} k_t^{\varphi}$$

两端同时取对数可得：

$$\ln lp_t = \ln A_t + \beta_1 \ln h_t + \varphi \ln k_t \qquad (4-1)$$

从式（4-1）可以看出，劳动生产率的高低，除了受全要素生产率、人均物质资本存量影响外还受到人均房地产投资水平的影响，这恰恰可以解释房地产市场与劳动生产率的正相关性。

　　全要素生产率 A(·) 除取决于科学技术、人力资本和经济开放程度等因素外，还受资源配置的影响。之所以将房地产投资和非房地产投资加以区分，是因为房地产的特殊性，主要表现在房地产具有虚实二重属性。房地产具有实体性，是社会生产活动和居民生活所必需的生产和生活资料，其发展将带动上下游企业的发展，对国民经济的发展有重要作用。房地产市场活跃会推动经济中金融杠杆的延长、货币需求的增加，促进社会流动性。房地产的虚实二重性导致其能够发挥经济"秤砣"的作用（刘骏民，2008），一个健康平稳的房地产市场能盘活经济，起到四两拨千斤的作用，促进劳动生产率的提升。

　　然而房地产的发展可能会偏离实体经济，过多的资源流向房地产金融等虚拟经济领域。房地产容易成为投机品，价格易出现自我攀升，从而与实体经济相脱离，而且可以反复交易，这构成了其虚拟性。房地产在脱离实体经济实现"自我增值"的过程中其相关领域的资金回报率和工资率将会高于其他领域，从而会吸引大量的资金、人力等社会资源进入房地产领域，挤占本应该用于实体经济的各种资源，形成当前社会高度关注的"脱实向虚"现象。房地产资产与机器设备等资产相比，对经济和技术进步缺乏正的外部性。因此房地产市场对实体经济资源的挤占，会导致社会资源的错配，进而影响劳动生产率。那么如何区分这两种作用力是探讨房地产市场对生产率影响的关键。

　　房价上涨可以通过融资的抵押贷款渠道等缓解企业面临的融资约束从而能够促进生产率的提高。但是外部融资带来的利息成本会抵消掉部分缓释效应。若房价过高到出现泡沫的程度，房价偏离度越高，资源配置的扭曲程度越高（张巍等，2018）。所以房地产价格和房价偏离度都能影响全要素生产率。在生产函数中 A(·) 代表希克斯中性技术进步的效率函数，借鉴刘生龙和胡鞍钢（2010）以及毛其淋和盛斌（2011）的做法，可以假定 A(·) 的组成部分是多元组合的。即：

$$A(hp_t, hpd_t, c_t) = A_o e^{\lambda_t} hp_t^{\alpha_1} hpd_t^{\alpha_2} c_t^{\gamma} \qquad (4-2)$$

　　其中，A_0 为初始全要素生产率，λ_t 为外生的生产率变迁，α_1、α_2、γ 分别为人均房价、房价偏离度和其他变量对全要素生产率的影响参数。

则公式（4 - 1）中的 $\ln A_t$ 就可以表示为：

$$\ln A_t = \ln A_0 + \lambda_t + \alpha_1 \ln hp_t + \alpha_2 \ln hpd_t + \gamma \ln c_t \qquad (4-3)$$

据此，在其他因素不变的情况下，房价的增加能提高劳动生产率，但是房价偏离却会抑制全要素生产率进而降低生产率。由于在实体经济一定的情况下，房价越高，房地产偏离度越大，若二者对劳动生产率起到相反的作用，那么在房地产市场规模的扩大中，必然存在区间，这种作用方向由正向变为负向。在中国最近几十年的经济发展过程中，房地产价格作为房地产市场机制的主要信号，在房地产市场繁荣阶段快速上涨，而在紧缩阶段存在刚性，所以在房地产价格较低的阶段可能促进生产率的提高，但是当房价过高时则会降低全要素生产率。陈斌开（2015）及余泳泽和李启航（2019）从微观和宏观层面上验证了城市房价和全要素生产率的关系，发现房价上涨显著抑制了全要素生产率的提高。并且检验了房地产价格通过引起资源错配进而影响全要素生产率的机制。贾庆英和高蕊（2020）也得出了房地产泡沫通过资源配置影响劳动生产率的结论。

三、结构效应

结构效应在微观机制上可以对应资源配置的要素扭曲，企业跨行业和跨地区流动。房地产泡沫的资源配置效应可能通过企业的转移引起产业结构和经济结构的改变。这种结构效应将通过投入产出结构影响经济在全球价值链中的产业升级。最直观地对出口技术含量的影响，我们已经通过 $TIE^m = T^m \times V^m \times B^m \times E^m$ 中的 $V^m \times B^m$ 展示出来。

极端情况下房地产泡沫会引起经济虚拟化，经济虚拟化将阻碍全球价值链下的产业升级。中国东部沿海地区的高房价和产业空心化问题并存早已引起各界的关注。房地产泡沫导致企业出现转移后，无论是在本城市内不同行业间转移还是跨地区转移，都会造成一个地区经济的空心化。部分文献将第三产业占比上升理解为产业升级，这是不正确的。我们认为，一个经济强大的前提是实体经济的强大，产业升级的表现是实体经济的转型升级。世界主要发达经济体的发展经验来看，产业升级的过程可能也伴随着第二产业比重下降而第三产业比重上升。随着实体经济向产业链高端移动，发达国家后工业化时期向高科技领域的开拓创新，可能实体经济尤其是工业的占比会相应下降。但是实体经济不能过低，因为过低会出现经济虚拟化。如图 4 - 6 所示为新中国成立以来上海市经济结构变动趋势图。上海市作为中国经济的桥头堡，在 2000 年之前服务业占比已经超过 50%，第二产业占比则开始下降到 50% 以下。上海市的工业企业逐步外迁，第二产业占经济的比重到 2019 年下降到 27%。这种经济结构已经接近德国、日本目前的经济结构。但是很明显，上海的制造业还远远比不上这两个制造业强国。图 4 - 6 列示了上海市高科技产品的进出口情况，可以发现 2010 年后，上海市无论高新技术产品进口还是出口占全国的比重都在下降，并且出口占比远远小于进口占比。当然，上海能够在这种经济结构下仍然保持较高的经济活力，主要原因在于在中央政府的领导下建立了大统一的市场，在经济规律的作用下，类似于全球产业分工的，各地根据自己的比较优势嵌入了国内价值链的生产。

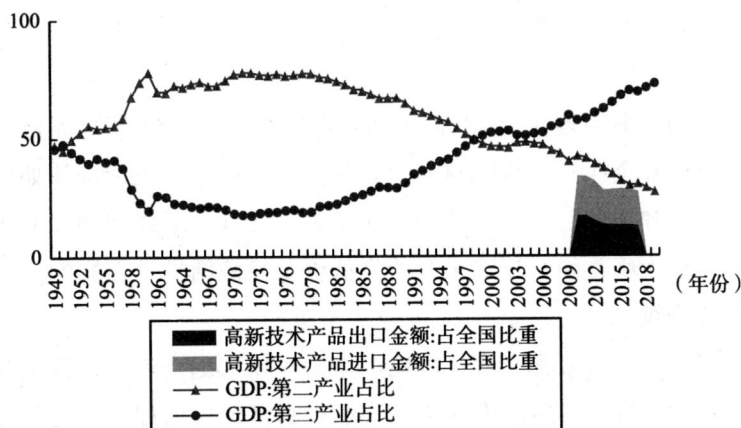

图 4 - 6　新中国成立以来上海市经济结构变动趋势

在实体经济还没有达到较高发展水平时进行虚拟化，将会导致全球价值链的参与度下降，而丧失进一步产业升级的先机。例如英国，作为最早完成工业革命的和工业化的国家，英国成为第一个世界工厂，并奠定了日不落帝国和英镑的国际货币地位。此后英国利用英镑造就的国际金融中心地位开始去工业化。短时间内英国利用其货币国际地位从其殖民地和其他国家攫取了巨额利润。二战后，随着美国的崛起，世界工厂和国际金融中心逐渐转移。而逐步虚拟化的经济，面对外部冲击后，已经不能再恢复到以前。后面的几次工业革命尤其是最近的工业4.0，英国已经落后于德国等其他发达国家。英国经济虚拟化不是由于房地产泡沫，但是虚拟化后对产业升级的影响是类似的，甚至房地产泡沫引起的经济虚拟化产生的后果更加严重。美国2008年由次贷危机导致的金融危机就是例子。第五章我们将详细分析。

或许经济虚拟化或金融危机只有极端情况下才会出现，但在房地产泡沫的作用下，经济已经在通往虚拟化和金融危机的路上，要素扭曲、创新受阻、脱实向虚等危险因子已经埋下，对产业升级的阻碍已经产生作用。

第三节　本　章　小　结

本章为全书的理论基础部分，以房地产泡沫对微观经济行为主体——家庭和企业——的影响为逻辑起点，分析了房地产泡沫如何影响家庭决策和企业的行为，进一步从微观到宏观，最终归纳到通过改变出口规模大小、创新技术水平的高低以及经济结构进而影响到经济整体产业升级。

微观上，对于家庭而言，房地产作为一项家庭资产，价格上涨意味着财富的上升，房地产泡沫可能会通过财富效应增加消费尤其是对国外高端商品的需求，而无房者或者新购房者通过房奴效应和房租效应挤出国内的低端消费，从而影响导致进口商品的增加。房地产作为一项重要的生活资料，房地产泡沫往往意味着住房成本的上升，那么可能会导致房价高涨地区的劳动力流向低房价地区，导致人力资源的流失。对于企业而言，房地产泡沫通过抵押贷款缓释效应增加企业的创新性投资，从而可能会引发企业在全球价值链上的产业升级。但是也可能由于资金成本过高，住房成本上升导致的员工工资要求提高等引发企业较重的负担，从而抑制企业的创新能力。成本的提升也可能导致企业转移到土地成本和住房成本较低的地区。

宏观上，在企业行为和家庭行为的作用下，房价上涨和房地产泡沫的增加会吸引资金等社会资源过多地流向房地产和金融等虚拟经济领域，通过资源配置效应影响社会整体的创新。社会整体创新能力的下降将会严重阻碍产业升级。在国际收支平衡表中，投机引发国际热钱的流入，挤出本国商品的出口，从而导致出口规模的下降。企业转向非实体行业或流向低成本地区可能会改变地区的经济结构，进而通过投入产出关系影响产业升级。

第五章

全球价值链下房地产泡沫
对产业升级的总效应

第一节　房地产泡沫对出口技术含量的总效应

一、研究设计

（一）模型构建

现有文献（盛斌和廖明中，2004；Bergstrand and Egger，2007；张会清和唐海燕，2012；毛海欧和刘海云，2018）基于引力模型，引入出口国和进口国的相关变量，构建出口技术含量的影响因素模型。本书从总体上分析某个国家的出口技术含量，具体出口到哪个国家不具体考察，在此仅考虑出口国各因素对本国出口技术含量的影响。进一步，当考察行业出口技术含量时，需要增加行业控制变量，具体为：

$$\ln TIE_{ijt} = \theta_0 + \theta_1 bubble_{it} + \theta_2 bubble_{it}^2 + \theta_3 C_{it} + \theta_4 Z_{ijt} + \mu_i + \tau_j + \omega_t + \varepsilon_{ijt}$$

$$(5-1)$$

其中 i、j、t 分别指国家、部门和年份。TIE_{ijt} 表示时间 t 时 i 国的 j 部门向世界其他国家出口产品的内含技术。bubble 为房地产泡沫相关指标。C 为国家层面控制变量，主要包括实际 GDP、基础设施建设情况、平均受教育年限、对外开放程度、城镇化率、人口密度。Z 为行业层面控制变量，包括行业从业人数、行业产出水平、行业资本存量、行业增加值。为考察房地产泡沫对出口技术含量的非线性影响，加入房地产对应指标的二次项。

（二）变量与数据说明

1. 被解释变量

TIE_{ijt} 采用世界投入产出数据库公布的 2016 版全球投入产出表，根据 $TIE = T \times V \times B \times E$ 计算得到。进一步以各行业出口量 E 占总出口的比重加权，可以得到国家层面某一年的出口技术含量。

2. 主要解释变量

$bubble_{it}$ 为第三章中房地产泡沫相关测度指标，分别为实际房地产价格指数、实际房价上涨率、房价偏离。其中实际房地产价格指数取对数。

3. 控制变量

国家层面控制变量来自世界银行，具体包括：实际 GDP（rgdp）为 2010 年不变价美元表示的国内生产总值；基础设施建设情况（infras）以每百人固定宽带安装量、固定电话安装量和移动电话使用量之和表示；平均受教育年限（yrsch）表示国民平均受教育的年数。数据来自格罗宁根大学经济系格罗宁根增长与发展中心（GGDC）PWT version 9.1；对外开放程度（open）以贸易额占 GDP 的比重表示；城镇化率（ur）城镇人口占总人口的比重表示；人口密度（popmidu）为每平方公里土地面积人口数。为保持数据的平稳性并消除量纲的影响，所有变量均取对数。回归系数为各变量对出口技术含量的弹性系数。

行业层面控制变量来自世界投入产出数据库 2016 版的社会经济账户。主要包括：包括行业从业人数（emp）、行业产出水平（go）、行业资本存量（k）、行业增加值（va）。产出水平、资本存量和增加值分别用对应的价格指数进行平减。所有变量取对数。兼顾出口技术含量、房地产泡沫和行业数据，最终选用 31 个国家（地区）2005～2014 年 26 个行业的数据进行检验。数据的描述性统计见表 5－1。

表 5－1　　出口技术含量国家（地区）和行业层面变量描述性统计

变量名	样本量	均值	标准差	最小值	最大值
ITIE 国家（地区）	310	13.86	2.22	7.87	18.67
ITIE 行业	8060	11.80	2.63	-0.83	19.27
lrhpi	310	4.61	0.16	3.87	5.25
ghpi	308	0.58	8.89	-45.65	41.02
phi	310	-0.43	0.50	-2.20	0.79
linfra	310	5.15	0.27	3.29	5.46
lyrsch	310	2.40	0.17	1.91	2.61
lopen	310	4.42	0.60	3.10	5.97
lur	310	-0.30	0.19	-0.86	-0.02
lrgdp	310	26.83	1.84	22.79	30.42
lpopmidu	310	4.47	1.35	0.98	7.21
lemp	8060	4.99	2.28	-4.61	12.60
lgo	8060	6.23	3.37	-4.71	16.99
lk	8060	6.04	3.52	-3.37	17.69
lva	8056	5.37	3.42	-6.21	16.28

二、国家层面房地产泡沫对出口技术含量的影响

首先我们采用固定效应模型检验房地产价格变化、房地产价格增长率变化和房地产价格偏离变化对出口技术含量的影响。其次，考虑到只有房地产价格高到一定程度或者房地产价格偏离度大于一定数值后才会形成房地产泡沫，根据理论分析的结果，没有房地产泡沫时和有房地产泡沫时可能存在相反的作用。因此需要加入反映房地产泡沫变量的二次项，以观察房地产泡沫对出口技术含量的非线性影响。如

表 5 - 2 所示为国家层面回归结果。

表 5 - 2　　国家（地区）层面房地产泡沫对出口技术含量的影响

变量	(1) ITIE	(2) ITIE	(3) ITIE	(4) ITIE	(5) ITIE	(6) ITIE
lrhpi	- 0. 4159 *** (- 3. 13)			10. 1409 *** (4. 29)		
ghpi		- 0. 0049 *** (- 2. 81)			- 0. 0051 *** (- 2. 85)	
phi			- 0. 4172 *** (- 3. 13)			- 0. 9881 *** (- 5. 98)
lrhpi2				- 1. 1347 *** (- 4. 47)		
ghpi2					- 0. 0000 (- 0. 52)	
phi2						- 0. 5674 *** (- 5. 38)
linfra	0. 4081 *** (2. 80)	0. 5163 *** (3. 49)	0. 4073 *** (2. 79)	0. 3878 *** (2. 75)	0. 5206 *** (3. 51)	- 0. 0266 (- 0. 17)
lyrsch	4. 6996 *** (6. 13)	3. 7297 *** (4. 98)	4. 7073 *** (6. 13)	3. 5433 *** (4. 52)	3. 7016 *** (4. 92)	2. 8240 *** (3. 49)
lopen	0. 0046 (0. 02)	0. 3488 (1. 63)	0. 0026 (0. 01)	0. 0987 (0. 46)	0. 3387 (1. 58)	0. 0524 (0. 25)
lur	- 6. 9594 *** (- 5. 98)	- 5. 3404 *** (- 5. 02)	- 6. 9783 *** (- 5. 98)	- 5. 7557 *** (- 4. 98)	- 5. 2677 *** (- 4. 90)	- 5. 6307 *** (- 4. 95)
lrgdp	3. 7302 *** (11. 42)	3. 1624 *** (12. 08)	3. 4804 *** (12. 22)	3. 3748 *** (10. 37)	3. 1311 *** (11. 64)	3. 5565 *** (13. 12)
lpopmidu	- 2. 1966 *** (- 3. 44)	- 2. 1531 *** (- 3. 31)	- 2. 1734 *** (- 3. 40)	- 1. 8050 *** (- 2. 90)	- 2. 0265 *** (- 2. 91)	- 2. 6944 *** (- 4. 37)

续表

变量	(1) ITIE	(2) ITIE	(3) ITIE	(4) ITIE	(5) ITIE	(6) ITIE
Constant	−89.971 *** (−9.83)	−76.123 *** (−10.23)	−85.482 *** (−10.22)	−103.889 *** (−11.09)	−75.733 *** (−10.11)	−78.257 *** (−9.70)
R^2	0.9923	0.9920	0.9923	0.9929	0.9920	0.9931
N	310	308	310	310	308	310
F	43.49	41.35	43.49	43.29	36.12	45.70

注：括号内为 t 值，*** $p < 0.01$，** $p < 0.05$，* $p < 0.1$。

结果显示，无论是房地产价格上涨、房地产价格增长率提高还是房地产价格偏离度提高，都显著负向作用于出口技术含量。进一步的非线性回归结果显示：

（1）房价对出口技术含量的影响为"倒 U 型"，房价指数的一次项为正系数 10.1409，二次项为负系数 −1.1347。当房价水平较低时，也就是不存在泡沫时，房价上涨能够提高出口技术含量。但是当房价超过一定值后，房价继续上涨，则会抑制出口技术含量的提升。lrhpi 拐点值为 4.47，也就是当 2010 年为 100 时，实际房价指数小于 87 时，房价对出口技术含量是正向影响，当房价指数大于 87 时则变为负向影响。在全部 310 个样本中，有 269 个样本的实际房价指数大于 87，占比为 86.8%。也就是说大部分国家处于房价上涨抑制出口技术含量的区间。这就是加入一次项时表现出显著负相关的原因。

（2）房价增速一次项为负，二次项不显著。可以认为总体而言房价增长速度提高会抑制出口技术含量。符合理论分析的结论，房价增速提高会吸取实体经济的资源，从而妨碍出口技术含量的提升。

（3）房价偏离对出口技术含量的影响也是"倒 U 型"的。房价偏离的一次项系数为 −0.9881，二次项系数为 −0.5674。说明在本样本下，房价偏离对出口技术含量也存在非线性影响，偏离度较低（此时有可能是负向偏离）时提高偏离度（若为负值是指数值本身的增加，而不是绝对值的增加）会促进出口技术含量的提高。但是当房价偏离大于拐点后随着房价偏离程度的提高，会抑制出口技术含量。在这 31 个国家（地区）2005 ~ 2014 年数据以 2010 年为基期的样本期内，得到的拐点是 - 0. 87。

由于房价偏离的大小是采用面板误差修正模型，基于实际房地产价格指数、实际人均收入指数和人口指数计算得到。数值的大小取决于基期和地区的选择，所以数值本身没有绝对意义。但是，在考察样本内，可以发现在 310 个样本观测点内，有 261 个样本的房价偏离度大于拐点值 - 0. 87，占比为 84. 2%。

控制变量中，基础设施建设、受教育程度、城镇化率、经济发展水平和人口密度均对出口技术含量有显著的影响。基础设施建设、受教育程度、经济发展水平有显著的正向影响，城镇化率和人口密度则有显著的负向影响。这与现实和已有文献的结论吻合。但是对外开放水平却不显著，可能的原因是以贸易额占 GDP 比重指标衡量的对外开放水平中既包含进口额也包含出口额，多种因素作用下相互抵消了。

三、行业层面房地产泡沫对出口技术含量的影响

为防止在国家层面汇总过程中不同行业间的差异将房地产泡沫对出口技术含量的影响平均化，接下来我们进一步考察行业层面房地产泡沫对不同行业出口技术含量的影响。在控制地区和时间固定效应的基础上，进一步控制行业固定效应。目的在于与国家层面进行对比，看具体到行业层面时，上述房地产泡沫对出口技术含量的回归结果是否稳健。同样是上述 31 个国家（地区），26 个行业，时间为 2005 ~ 2014 年。

行业层面回归结果如表 5 - 3 所示。非线性回归中实际房地产价格对出口技术含量的一次项系数不显著、二次项系数为负且在 10% 的水平上显著。根据系数大小计算拐点，所有的样本均落在拐点的右侧。据此，可以认为从行业层面来看，房价对出口技术含量存在显著的负向线性影响，房价每上涨 1%，出口技术含量会降低 0. 3474%。

表 5 - 3　　　　行业层面房地产泡沫对出口技术含量的回归结果

变量	(1) ITIE	(2) ITIE	(3) ITIE	(4) ITIE	(5) ITIE	(6) ITIE
lrhpi	-0.3474 *** (-5.51)	1.6644 (1.43)				
lrhpi2		-0.2162 * (-1.73)				
ghpi			-0.0011 (-1.31)	-0.0012 (-1.44)		
ghpi2				-0.0000 (-0.78)		
phi					-0.3515 *** (-5.56)	-0.5568 *** (-6.75)
phi2						-0.2040 *** (-3.88)
linfra	0.1084 (1.56)	0.1044 (1.51)	0.1402 ** (2.01)	0.1432 ** (2.05)	0.1073 (1.55)	-0.0491 (-0.61)
lyrsch	1.1698 *** (3.21)	0.9490 ** (2.46)	0.5891 * (1.66)	0.5694 (1.60)	1.1810 *** (3.24)	0.5030 (1.25)
lopen	-0.3362 *** (-3.17)	-0.3183 *** (-2.99)	-0.1241 (-1.23)	-0.1312 (-1.29)	-0.3397 *** (-3.20)	-0.3222 *** (-3.04)
lur	-2.4705 *** (-4.47)	-2.2409 *** (-3.95)	-0.9570 * (-1.90)	-0.9054 * (-1.78)	-2.4977 *** (-4.51)	-2.0125 *** (-3.55)
lrgdp	0.7846 *** (5.05)	0.7171 *** (4.47)	0.2290 * (1.84)	0.2069 (1.62)	0.5787 *** (4.27)	0.6063 *** (4.47)
lpopmidu	-1.1980 *** (-3.95)	-1.1238 *** (-3.67)	-1.1200 *** (-3.63)	-1.0306 *** (-3.13)	-1.1759 *** (-3.87)	-1.3645 *** (-4.44)
lemp	-1.0063 *** (-60.14)	-1.0061 *** (-60.13)	-1.0083 *** (-60.02)	-1.0082 *** (-60.00)	-1.0063 *** (-60.14)	-1.0056 *** (-60.14)
lgo	0.3241 *** (12.82)	0.3242 *** (12.82)	0.3186 *** (12.58)	0.3185 *** (12.58)	0.3242 *** (12.82)	0.3261 *** (12.91)

续表

变量	(1) ITIE	(2) ITIE	(3) ITIE	(4) ITIE	(5) ITIE	(6) ITIE
lk	0.0236 ** (2.13)	0.0240 ** (2.16)	0.0235 ** (2.12)	0.0235 ** (2.12)	0.0236 ** (2.13)	0.0243 ** (2.19)
lva	1.6709 *** (62.85)	1.6702 *** (62.82)	1.6769 *** (63.00)	1.6769 *** (63.00)	1.6708 *** (62.84)	1.6678 *** (62.76)
Constant	−11.0291 ** (−2.54)	−13.6824 *** (−2.97)	2.6806 (0.76)	2.9565 (0.83)	−7.3701 * (−1.85)	−4.7707 (−1.18)
Observations	8056	8056	8004	8004	8056	8056
R²	0.9625	0.9625	0.9620	0.9620	0.9625	0.9626
N	8056	8056	8004	8004	8056	8056
F	2250	2063	2236	2050	2250	2068

注：括号内为 t 值，*** p<0.01，** p<0.05，* p<0.1。

房价上涨速度的线性和非线性结果均不显著。房价偏离的回归结果显示，线性和非线性结果均显著。那么应该重点看非线性影响。房价偏离对出口技术含量仍然是"倒 U 型"，拐点为 −1.37。样本内处于拐点左侧的观察值仅有 26 个，其余均落在拐点右侧，也就是说 99.7%的样本点落在下降区间。说明从行业层面来看，大部分国家在大多数时间内，只要房价偏离程度提高就会抑制出口技术含量。

实体经济是一个国家实现价值链攀升的源泉，而工业是实体经济的基础。下一步区分工业行业和非工业行业，检验房地产泡沫对不同类型的行业的影响是否存在差异。首先按照国家行业分类标准，将采矿业、制造业（其他制造业及废物废料回收业、其他非金属冶炼业、基础金属及其制品业、木材及其制品业、机器设备租赁及其他商务服务、机械制造业、电子和光学仪器制造业、石化行业、纺织、皮革和制鞋业、运输设备制造业、造纸和印刷业、食品饮料和烟草业）、建筑业、电力、燃气和水的供应业归为工业，其他行业归为非工业。构建是否为工业的虚拟变量，与反映房地产泡沫的相关指标相乘，来观察房地产泡沫对出口技术含量的影响在不同类型行业是否存在显著差异。鉴于大多数样本均落在负效应的区间内，在检验地区异质性时，仅考察线性回归。回归结果见表5-4。

表5-4　　　房地产泡沫对出口技术含量影响的行业异质性分析

变量	(1) ITIE	(2) ITIE	(3) ITIE
lrhpi	-0.2663 *** (-3.54)		
lrhpimanu	-0.1407 ** (-1.97)		
ghpi		-0.0019 * (-1.67)	
ghpimanu		0.0013 (1.03)	
phi			-0.2881 *** (-4.46)
phimanu			-0.1099 *** (-4.73)
Constant	-11.0150 ** (-2.53)	2.6673 (0.76)	-7.3678 * (-1.86)
国家控制变量	Y	Y	Y
行业控制变量	Y	Y	Y
国家固定效应	Y	Y	Y
时间固定效应	Y	Y	Y
行业固定效应	Y	Y	Y
Observations	8056	8004	8056
R^2	0.9625	0.9620	0.9626
N	8056	8004	8056
F	2064	2050	2070

注：括号内为t值，*** $p < 0.01$，** $p < 0.05$，* $p < 0.1$；在此仅列示主要解释变量的回归结果，控制变量回归结果未展示，备索。

表 5 – 4 第（1）和第（3）列结果表明，无论房地产价格还是房价偏离对出口技术含量的影响线性弹性系数显著为负，但是房地产价格与是否工业的交乘项、房价偏离与是否工业的交乘项的系数均为负，说明房地产泡沫对出口技术含量在工业行业中的负向作用大于非工业行业。而房价增长率虽然线性结果为负，但是与是否工业交乘项的系数不显著，说明房价增长率对工业出口技术含量的影响与非工业出口技术含量的影响没有显著差异。

四、房地产泡沫对出口技术含量的稳健性检验

上述分析中，若出口技术含量提高能够催生房地产泡沫，或者出口技术含量高的地区房地产泡沫水平也高，那么就可能存在内生性。为解决内生性问题，需要选取合适的工具变量，来代替反映房地产泡沫的几个指标，解释出口技术含量的变化。合适的工具变量需要具有相关性和外生性两个特征，即与房地产泡沫相关变量高度相关，但是外生于出口技术含量。宏观领域常用的工具变量为解释变量的滞后期，因为历史已经成为事实，当期的出口技术含量（被解释变量）不会对上一期的房地产泡沫（解释变量）产生影响。而宏观经济变量之间往往存在自相关。在此，分别用实际房地产销售价格对数的滞后一期、实际房地产价格增长率的滞后一期、房价偏离度的滞后一期替代当期值，再次对上述非线性基准回归以及机制效应进行检验，以考察上述结果的稳健性。

稳健性检验的结果如表 5 – 5 所示。第（1）~（3）列分别为实际房地产销售价格对数的滞后一期、实际房地产价格增长率的滞后一期、房价偏离度的滞后一期对出口技术含量非线性回归的结果。结果显示实际房价和房价偏离度对出口技术含量的弹性系数仍然显著表现为"倒 U 型"。弹性系数由正转负的拐点分别为 L. rhpi = 102 和 L. phi = −0.556，与基准回归的结果相差不大。而房价增长率的二次项仍不显著，最终表现为负向的线性关系。第（4）~（6）列、（7）~（9）列和

表 5-5

房地产泡沫对出口技术含量影响的稳健性检验

变量	(1) ITIE	(2) ITIE	(3) ITIE	(4) ITVOBOE0	(5) ITVOB0E0	(6) ITVOB0E0	(7) ITOVBE0	(8) ITOVBE0	(9) ITOVBE0	(10) ITOVOBOE	(11) ITOVOBOE	(12) ITOVOBOE
L. lrhpi	9.8684*** (3.87)			7.1978*** (4.72)			2.5055** (2.44)			3.7405** (2.35)		
L. lrhpi2	-1.0661*** (-3.89)			-0.7638*** (-4.67)			-0.2671** (-2.42)			-0.4033** (-2.36)		
L. ghpi		-0.0040** (-2.09)			-0.0017 (-1.46)			-0.0012 (-1.52)			-0.0021* (-1.84)	
L. ghpi2		0.0000 (0.28)			0.0000 (0.79)			0.0000 (0.62)			0.0000 (0.04)	
L. phi			-0.6294*** (-3.54)			-0.2803*** (-2.63)			-0.1188 (-1.64)			-0.2103* (-1.87)
L. phi2			-0.5657*** (-4.81)			-0.3759*** (-5.32)			-0.1388*** (-2.90)			-0.1796** (-2.41)
国家控制变量	Y	Y	Y	Y	Y	Y	Y	Y	Y	Y	Y	Y

续表

变量	(1) ITIE	(2) ITIE	(3) ITIE	(4) ITVOBOEO	(5) ITVOBOEO	(6) ITVOBOEO	(7) ITOVBEO	(8) ITOVBEO	(9) ITOVBEO	(10) ITOVOBOE	(11) ITOVOBOE	(12) ITOVOBOE
行业控制变量	Y	Y	Y	Y	Y	Y	Y	Y	Y	Y	Y	Y
国家固定效应	Y	Y	Y	Y	Y	Y	Y	Y	Y	Y	Y	Y
时间固定效应	Y	Y	Y	Y	Y	Y	Y	Y	Y	Y	Y	Y
行业固定效应	Y	Y	Y	Y	Y	Y	Y	Y	Y	Y	Y	Y
Observations	279	277	279	279	277	279	279	277	279	279	277	279
R^2	0.9928	0.9923	0.9930	0.9980	0.9978	0.9981	0.9993	0.9992	0.9993	0.9975	0.9975	0.9975
N	279	277	279	279	277	279	279	277	279	279	277	279
F	30.10	27.16	32.06	25.68	21.28	27.04	5.850	5.374	6.211	21.66	20.83	21.75

注: 括号内为 t 值, *** $p < 0.01$, ** $p < 0.05$, * $p < 0.1$; 为控制篇幅, 控制变量的回归结果未展示, 备索。

第（10）~（12）列分别是房地产泡沫对出口技术含量的技术边际效应、结构边际效应和规模边际效应的稳健性检验。同样，前述仍然是稳健的。

第二节　房地产泡沫对出口增加值率的总效应

一、研究设计

（一）模型构建

为考察房地产泡沫对出口增加值率的影响，构建如下回归模型：

$$\text{DVAR}_{ijt} = \theta_0 + \theta_1 \text{bubble}_{it} + \theta_3 C_{it} + \theta_4 Z_{ijt} + \mu_i + \tau_j + \omega_t + \varepsilon_{ijt} \quad (5-2)$$

其中 i、j、t 分别指国家、行业和年份。DVAR_{ijt} 表示时间 t 时 i 国的 j 行业基于贸易流分解计算的出口中包含的国内增加值占比。bubble 为房地产泡沫相关指标。C 为国家层面控制变量，主要包括实际 GDP、基础设施建设情况、平均受教育年限、对外开放程度、城镇化率、人口密度。Z 为行业层面控制变量，包括行业从业人数、行业产出水平、行业资本存量、行业增加值。

（二）数据说明与数据描述

出口国内增加值率的测算方法和数据来源与第三章第三节一致。房地产泡沫同样采用实际房地产价格、实际房价增长率、房价偏离程度三个指标。国家层面和行业层面的控制变量选取与数据来源与上一节一致。时间和行业为 31 个国家（地区）、56 个行业 2005 ~ 2014 年数据。

数据的描述性统计如表 5 - 6 所示。行业层面数据缺失部分原因在于国家间投入产出表在进行不同国家产业对接时进行了产业的合并和拆分，个别国家不存在某个细分行业，导致缺少此行业的数据，这种行业较少但是确实存在。在进行固定效应回归时，缺失数据的行业将自动忽略，只考察存在完整数据的行业。

表 5 - 6　　　　　　　　全球参与度部分数据描述

变量	数据层面	Obs	Mean	Std.	min	max
dvar	行业层面	16430	0.767778	0.1492431	0.1027367	1
lrhpi	国家层面	17360	4.6081	0.1622	3.8739	5.2527
ghpi	国家层面	17248	0.5799	8.8772	− 45.6469	41.0197
phi	国家层面	17360	− 0.4330	0.4958	− 2.1979	0.7935
linfra	国家层面	17360	5.1547	0.2695	3.2864	5.4609
lyrsch	国家层面	17360	2.4012	0.1711	1.9100	2.6066
lopen	国家层面	17360	4.4187	0.6028	3.0958	5.9733
lur	国家层面	17360	− 0.2993	0.1847	− 0.8551	− 0.0219
lrgdp	国家层面	17360	26.8273	1.8367	22.7922	30.4187
lpopmidu	国家层面	17360	4.4657	1.3462	0.9764	7.2138
lemp	行业层面	16544	3.9941	2.3518	− 4.6052	12.4241
lgo	行业层面	16545	5.2371	3.4176	− 4.7887	16.9943
lk	行业层面	16310	4.9930	3.5592	− 7.1830	17.5932
lva	行业层面	16527	4.3606	3.4586	− 10.9237	15.9819

二、房地产泡沫对出口增加值率的实证分析

表 5 - 7 中第（1）~（3）列分别为控制国家、行业和时间固定效应后，实际房地产价格、实际房价增长率、房价偏离程度对出口增加值率的回归结果。结果显示，在控制其他因素后，房价上涨、房价增长率上升和房价偏离经济基本面的程度提高，均显著抑制出口产品中国内增加值率的上升。意味着房地产泡沫形成过程中，无论绝对房价水平还是相对房价水平的提高，即无论房价水平上升、房价增长速度提

高还是房价偏离经济基本面的程度提高，都不利于在国际产业分工中的产业升级。进一步构建是否为工业的虚拟变量，工业①设置为1，其他设置为0。生成与房地产泡沫相关变量交乘项，作为解释变量加入公式（5-2）中，三重固定效应回归结果为表5-7中的第（5）~（6）列所示。实际房价指数和房价偏离度的回归系数仍然显著抑制出口国内增加值率的提升，房价增长率仍然为负，但结果不再显著。与是否为工业的虚拟变量交乘项的回归结果显示，房价水平和房价增长率虽然仍然负向作用于出口增加值率，但均不显著。实际房价指数与工业的交乘项系数显著为负，说明房价上升对工业行业出口国内增加值率的抑制作用要大于非工业行业。因此，从全世界样本整体来看，房地产泡沫不利于各产业增加值率的提升，反而会抑制它。这与刘斌和王乃嘉（2016）的结论一致。

表5-7　　　　　房地产泡沫对出口国内增加值率的实证结果

变量	(1) dvar	(2) dvar	(3) dvar	(4) dvar	(5) dvar	(6) dvar
lrhpi	-0.0215 *** (-4.21)			-0.0040 (-0.70)		
ghpi		-0.0001 (-0.87)			-0.0003 *** (-3.61)	
phi			-0.0214 *** (-4.17)			-0.0220 *** (-4.24)
lrhpimanu				-0.0391 *** (-6.81)		
ghpimanu					0.0005 *** (5.08)	

---

① 工业对应中国的第二产业，为世界投入产出表里行业代码为B~F的行业，具体包括采矿业（B），所有的制造业（C），电力、燃气和水的供应业，其他制造业及废物废料回收业（E），建筑业（F）。

续表

变量	(1) dvar	(2) dvar	(3) dvar	(4) dvar	(5) dvar	(6) dvar
phimanu						0.0014 (0.75)
lyrsch	0.0846 *** (2.79)	0.0502 * (1.69)	0.0847 *** (2.79)	0.0860 *** (2.84)	0.0506 * (1.70)	0.0846 *** (2.79)
lopen	−0.1041 *** (−12.13)	−0.0903 *** (−11.03)	−0.1041 *** (−12.12)	−0.1041 *** (−12.15)	−0.0902 *** (−11.04)	−0.1041 *** (−12.12)
lur	−0.1525 *** (−3.38)	−0.0691 * (−1.67)	−0.1527 *** (−3.38)	−0.1503 *** (−3.34)	−0.0685 * (−1.66)	−0.1527 *** (−3.38)
lrgdp	0.0367 *** (2.93)	0.0049 (0.49)	0.0236 ** (2.15)	0.0370 *** (2.95)	0.0051 (0.51)	0.0236 ** (2.15)
lpopmidu	−0.0655 *** (−2.68)	−0.0759 *** (−3.05)	−0.0645 *** (−2.63)	−0.0664 *** (−2.72)	−0.0762 *** (−3.07)	−0.0645 *** (−2.63)
lemp	0.0135 *** (12.28)	0.0136 *** (12.30)	0.0135 *** (12.28)	0.0138 *** (12.62)	0.0137 *** (12.36)	0.0134 *** (12.26)
lgo	−0.1562 *** (−97.63)	−0.1565 *** (−97.47)	−0.1562 *** (−97.63)	−0.1566 *** (−97.97)	−0.1566 *** (−97.61)	−0.1561 *** (−97.52)
lk	0.0054 *** (7.18)	0.0054 *** (7.16)	0.0054 *** (7.18)	0.0052 *** (6.91)	0.0053 *** (7.02)	0.0055 *** (7.21)
lva	0.1369 *** (79.73)	0.1370 *** (79.42)	0.1369 *** (79.73)	0.1373 *** (80.03)	0.1371 *** (79.52)	0.1369 *** (79.67)
Constant	0.5130 (1.46)	1.3451 *** (4.69)	0.7513 ** (2.34)	0.5077 (1.45)	1.3409 *** (4.68)	0.7518 ** (2.34)
Observations	16244	16136	16244	16244	16136	16244
R^2	0.8447	0.8444	0.8447	0.8452	0.8447	0.8447
N	16244	16136	16244	16244	16136	16244
F	902.5	893.2	902.4	833.5	822.2	827.2

注：括号内为 t 值，*** $p<0.01$，** $p<0.05$，* $p<0.1$。

同样我们也对国家层面的出口增加值率进行了实证检验，发现与行业层面的结果类似。进一步，增加房地产泡沫相关指标的二次项，以检验可能存在的非线性关系，发现二次项并不显著。在此仅汇报行业层面线性模型实证检验的结果。

三、房地产泡沫对出口增加值率影响的进一步分析

（一）房地产泡沫对出口增加值率影响的稳健性检验

由于某个地区国内增加值率提高导致房地产泡沫增加而可能出现内生性，从而导致实证结果出现偏差，因此需要进行内生性检验，与前面类似，采用房地产相关变量的滞后期进行稳健性检验。进一步替换被解释变量，防止出现由于被解释变量的测度问题而出现的偏差。稳健性检验结果如表 5 - 8 所示。

表 5 - 8 　　　房地产泡沫对出口国内增加值率的稳健性检验

变量	(1) dvar	(2) dvar	(3) dvar	(4) dvar	(5) dvar	(6) dvar
L. lrhpi	- 0. 0154 *** (- 2. 81)			0. 0064 (1. 04)		
L. ghpi		- 0. 0001 (- 1. 48)			- 0. 0003 *** (- 3. 98)	
L. phi			- 0. 0169 *** (- 2. 98)			- 0. 0174 *** (- 3. 03)
L. lrhpimanu				- 0. 0484 *** (- 8. 01)		
L. ghpimanu					0. 0005 *** (5. 02)	

续表

变量	(1) dvar	(2) dvar	(3) dvar	(4) dvar	(5) dvar	(6) dvar
L. phimanu						0.0012 (0.60)
linfra	0.0032 (0.46)	0.0058 (0.83)	0.0031 (0.45)	0.0030 (0.43)	0.0057 (0.82)	0.0031 (0.45)
lyrsch	0.1025 *** (2.91)	0.0634 * (1.90)	0.1038 *** (2.96)	0.1045 *** (2.97)	0.0640 * (1.92)	0.1037 *** (2.95)
lopen	− 0.1028 *** (− 10.03)	− 0.0890 *** (− 9.77)	− 0.1030 *** (− 10.14)	− 0.1027 *** (− 10.05)	− 0.0890 *** (− 9.78)	− 0.1030 *** (− 10.14)
lur	− 0.1228 ** (− 2.34)	− 0.0715 (− 1.44)	− 0.1311 ** (− 2.47)	− 0.1196 ** (− 2.28)	− 0.0712 (− 1.44)	− 0.1311 ** (− 2.47)
lrgdp	0.0183 (1.42)	0.0041 (0.35)	0.0113 (0.95)	0.0186 (1.44)	0.0045 (0.38)	0.0112 (0.95)
lpopmidu	− 0.0593 ** (− 2.05)	− 0.0609 ** (− 2.08)	− 0.0562 * (− 1.93)	− 0.0607 ** (− 2.10)	− 0.0612 ** (− 2.09)	− 0.0561 * (− 1.93)
lemp	0.0132 *** (11.28)	0.0132 *** (11.22)	0.0132 *** (11.28)	0.0137 *** (11.73)	0.0132 *** (11.26)	0.0132 *** (11.26)
lgo	− 0.1577 *** (− 93.46)	− 0.1577 *** (− 93.06)	− 0.1577 *** (− 93.45)	− 0.1584 *** (− 93.94)	− 0.1578 *** (− 93.19)	− 0.1577 *** (− 93.34)
lk	0.0059 *** (7.37)	0.0058 *** (7.32)	0.0058 *** (7.36)	0.0055 *** (6.99)	0.0057 *** (7.15)	0.0059 *** (7.38)
lva	0.1383 *** (76.23)	0.1382 *** (75.82)	0.1383 *** (76.23)	0.1388 *** (76.65)	0.1383 *** (75.90)	0.1383 *** (76.18)
Constant	0.9084 ** (2.49)	1.2611 *** (3.82)	1.0016 *** (2.90)	0.9040 ** (2.48)	1.2535 *** (3.80)	1.0020 *** (2.90)
Observations	14620	14512	14620	14620	14512	14620
R^2	0.8468	0.8464	0.8469	0.8475	0.8467	0.8469
N	14620	14512	14620	14620	14512	14620
F	820.6	810.2	820.8	760.9	746.1	752.4

注：括号内为 t 值，*** $p < 0.01$，** $p < 0.05$，* $p < 0.1$。

1. 解释变量替换为滞后期

表 5-8 中第（1）~（3）列分别为采用实际房地产价格、实际房价增长率、房价偏离程度滞后一期后作为解释变量，对出口国内增加值率的回归结果。结果显示虽然绝对数值有所变化，但是实际房地产价格、房价偏离程度对出口国内增加值率均具有显著的负向作用，即抑制产业升级。第（4）~（6）列在前期采用各变量滞后项的基础上加入各滞后期变量与是否工业行业的虚拟变量交乘项后的回归结果，结果显示实际房地产价格对工业行业国内增加值率的抑制影响大于非工业行业，剔除掉基本面因素后，房价偏离程度对工业行业出口国内增加值率的影响与其他行业没有显著差异，均为显著的抑制作用。整体而言，结果与采用当期的类似，结果是稳健的。

2. 替换被解释变量

在基准回归中，在计算总出口中包含的国内附加值时，既包含出口商品中最终品和中间商品中包含的国内附加值，也包括出口返回值。部分文献认为出口返回值是被国内最终品吸收的价值，不应计入出口中包含的国内附加值。本书认同赵晓斐（2020）的观点，由于这部分数值较小，无论是否计入，对本书的实证结果不会有较大的影响。在此，另外计算一个不包含出口返回值的出口中包含的国内增加值率，以检验结果的稳健性。另外，国外增加值率与国内增加值率是互补的，存在此消彼长的关系。在计算的过程中将出口商品中最终品的中间品中包含的国外附加值占比称为狭义的国外增加值率，而将再加上重复计算值的国外附加值占比称为广义的国外增加值率，即垂直化分工程度。理论上广义的国外增加值率与包含出口返回值的国内增加值率相加等于一。在此，为避免出现计算上的误差，分别将被解释变量替换为剔除掉出口返回值的国内增加值率，狭义的国外增加值率和广义的增加值率，以检验基准回归结果的稳健性。

同样控制国家、行业和时间层面的固定效应。稳健性检验结果如表 5-9 所示。第（1）~（3）列分别为采用实际房价指数、房价增长率、房价偏离作为解释变量，对剔除掉出口返回值后的国内增加值率

表 5-9　房地产泡沫对国外增加值率的影响结果

变量	(1) dvar1	(2) dvar1	(3) dvar1	(4) fvas	(5) fvas	(6) fvas	(7) fvas1	(8) fvas1	(9) fvas1
lrhpi	-0.0181*** (-3.55)			0.0154*** (3.74)			0.0181*** (3.55)		
ghpi		-0.0001 (-0.97)			0.0001 (1.36)			0.0001 (0.97)	
phi			-0.0179*** (-3.50)			0.0150*** (3.65)			0.0179*** (3.50)
linfra	0.0019 (0.33)	0.0044 (0.76)	0.0019 (0.33)	0.0051 (1.10)	0.0028 (0.60)	0.0051 (1.10)	-0.0019 (-0.33)	-0.0044 (-0.76)	-0.0019 (-0.33)
lyrsch	0.1000*** (3.31)	0.0702** (2.37)	0.1000*** (3.31)	-0.0961*** (-3.94)	-0.0696*** (-2.91)	-0.0958*** (-3.93)	-0.1000*** (-3.31)	-0.0702** (-2.37)	-0.1000*** (-3.31)
lopen	-0.1053*** (-12.32)	-0.0933*** (-11.45)	-0.1052*** (-12.30)	0.0802*** (11.64)	0.0697*** (10.60)	0.0801*** (11.60)	0.1053*** (12.32)	0.0933*** (11.45)	0.1052*** (12.30)
lur	-0.1240*** (-2.76)	-0.0529 (-1.29)	-0.1239*** (-2.75)	0.0887** (2.45)	0.0284 (0.86)	0.0879** (2.42)	0.1240*** (2.76)	0.0529 (1.29)	0.1239*** (2.75)

续表

变量	(1) dvar1	(2) dvar1	(3) dvar1	(4) fvas	(5) fvas	(6) fvas	(7) fvas1	(8) fvas1	(9) fvas1
lrgdp	0.0410 *** (3.28)	0.0144 (1.43)	0.0299 *** (2.74)	-0.0335 *** (-3.32)	-0.0112 (-1.38)	-0.0239 *** (-2.71)	-0.0410 *** (-3.28)	-0.0144 (-1.43)	-0.0299 *** (-2.74)
lpopmidu	-0.0816 *** (-3.35)	-0.0881 *** (-3.56)	-0.0808 *** (-3.31)	0.0538 *** (2.73)	0.0583 *** (2.92)	0.0533 *** (2.70)	0.0816 *** (3.35)	0.0881 *** (3.56)	0.0808 *** (3.31)
lemp	0.0135 *** (12.39)	0.0137 *** (12.41)	0.0135 *** (12.39)	-0.0120 *** (-13.60)	-0.0122 *** (-13.77)	-0.0120 *** (-13.60)	-0.0135 *** (-12.39)	-0.0137 *** (-12.41)	-0.0135 *** (-12.39)
lgo	-0.1569 *** (-98.45)	-0.1572 *** (-98.28)	-0.1569 *** (-98.45)	0.1110 *** (86.39)	0.1113 *** (86.27)	0.1110 *** (86.39)	0.1569 *** (98.45)	0.1572 *** (98.28)	0.1569 *** (98.45)
lk	0.0053 *** (6.99)	0.0053 *** (6.96)	0.0053 *** (6.99)	-0.0035 *** (-5.84)	-0.0035 *** (-5.82)	-0.0035 *** (-5.84)	-0.0053 *** (-6.99)	-0.0053 *** (-6.96)	-0.0053 *** (-6.99)
lva	0.1377 *** (80.47)	0.1378 *** (80.17)	0.1377 *** (80.47)	-0.0945 *** (-68.45)	-0.0944 *** (-68.11)	-0.0945 *** (-68.45)	-0.1377 *** (-80.47)	-0.1378 *** (-80.17)	-0.1377 *** (-80.47)
Constant	0.4452 (1.27)	1.1322 *** (3.96)	0.6477 * (2.02)	0.5220 * (1.85)	-0.0487 (-0.21)	0.3442 (1.33)	0.5548 (1.59)	-0.1322 (-0.46)	0.3523 (1.10)

续表

变量	(1) dvar1	(2) dvar1	(3) dvar1	(4) fvas	(5) fvas	(6) fvas	(7) fvas1	(8) fvas1	(9) fvas1
Observations	16244	16136	16244	16244	16136	16244	16244	16136	16244
R^2	0.8499	0.8496	0.8499	0.8118	0.8115	0.8118	0.8499	0.8496	0.8499
N	16244	16136	16244	16244	16136	16244	16244	16136	16244
F	919.5	911.1	919.4	703.5	697.0	703.4	919.5	911.1	919.4

注：括号内为 t 值，*** $p<0.01$，** $p<0.05$，* $p<0.1$。

的回归结果。结果绝对数值有所改变，但是实际房价和房价偏离具有显著的负向作用，与基准回归的结果一致。第（4）~（9）列为将被解释变量替换为狭义的国外增加值率和广义国外增加值率的回归结果，显示房价和房价偏离度均显著正向作用于国外增加值率。说明房地产泡沫抑制国内增加值率提高，促进国外增加值率上升，从而抑制产业升级的结论是稳健的。

（二） 房地产泡沫对出口技术含量和附加值的共同影响

为防止单一指标不能全面反映产业升级出现的偏颇。进一步考察房地产泡沫对出口技术含量和附加值的共同影响，用交乘项作为全球价值链下产业升级的综合指标，来全面反映房地产泡沫对全球价值链下产业升级的影响。同一个国家和地区，在其他条件固定的情况下，出口技术含量和出口增加值率的提升均能够表示实现了产业升级，二者共同增加则表示产业升级的程度高。结果如表 5 - 10 所示。

表 5 - 10 　　　　房地产泡沫对产业升级的实证结果

变量	（1）dvaTIE	（2）dvaTIE	（3）dvaTIE	（4）dvaTIE	（5）dvaTIE	（6）dvaTIE
lrhpi	- 0. 5646 *** （ - 7. 77）			- 0. 5275 *** （ - 6. 48）		
ghpi		- 0. 0036 *** （ - 3. 75）			- 0. 0070 *** （ - 6. 05）	
phi			- 0. 5630 *** （ - 7. 73）			- 0. 5874 *** （ - 7. 95）
lrhpimanu				- 0. 0826 （ - 1. 01）		
ghpimanu					0. 0077 *** （5. 21）	

续表

变量	(1) dvaTIE	(2) dvaTIE	(3) dvaTIE	(4) dvaTIE	(5) dvaTIE	(6) dvaTIE
phimanu						0.0543 ** (2.01)
lyrsch	5.1939 *** (12.06)	4.1498 *** (9.79)	5.2001 *** (12.06)	5.1970 *** (12.06)	4.1562 *** (9.81)	5.1963 *** (12.05)
lopen	−1.4797 *** (−12.13)	−1.0702 *** (−9.18)	−1.4805 *** (−12.12)	−1.4796 *** (−12.13)	−1.0701 *** (−9.19)	−1.4807 *** (−12.13)
lur	−7.6840 *** (−12.00)	−5.5254 *** (−9.39)	−7.6981 *** (−11.99)	−7.6801 *** (−11.99)	−5.5188 *** (−9.39)	−7.6981 *** (−12.00)
lrgdp	3.4469 *** (19.34)	2.6474 *** (18.42)	3.1049 *** (19.95)	3.4474 *** (19.34)	2.6503 *** (18.45)	3.1037 *** (19.94)
lpopmidu	−2.9680 *** (−8.54)	−3.1364 *** (−8.86)	−2.9396 *** (−8.44)	−2.9693 *** (−8.55)	−3.1411 *** (−8.88)	−2.9382 *** (−8.44)
lemp	0.2628 *** (16.89)	0.2621 *** (16.67)	0.2628 *** (16.89)	0.2635 *** (16.92)	0.2630 *** (16.74)	0.2620 *** (16.84)
lgo	−2.0739 *** (−91.21)	−2.0875 *** (−91.26)	−2.0739 *** (−91.21)	−2.0748 *** (−91.18)	−2.0895 *** (−91.41)	−2.0720 *** (−91.07)
lk	0.0575 *** (5.35)	0.0581 *** (5.39)	0.0575 *** (5.35)	0.0570 *** (5.31)	0.0565 *** (5.25)	0.0586 *** (5.45)
lva	1.7688 *** (72.46)	1.7807 *** (72.44)	1.7688 *** (72.45)	1.7697 *** (72.45)	1.7819 *** (72.54)	1.7674 *** (72.37)
Constant	−74.6449 *** (−14.98)	−54.2480 *** (−13.27)	−68.4632 *** (−15.00)	−74.6579 *** (−14.98)	−54.3033 *** (−13.29)	−68.4355 *** (−15.00)
Observations	16286	16178	16286	16286	16178	16286
R²	0.9153	0.9136	0.9153	0.9153	0.9138	0.9153
N	16286	16178	16286	16286	16178	16286
F	872.5	859.3	872.4	799.9	791.2	800.2

注：括号内为 t 值，*** p<0.01，** p<0.05，* p<0.1。

表 5 – 10 中第（1）~（3）列分别为控制国家、行业和时间固定效应后，实际房地产价格、房价变动率、房价偏离对出口技术含量和国内增加值率交乘项的回归结果。结果显示，在控制其他因素后，房价上涨、房价增长率上升和房价偏离经济基本面的程度提高，均显著抑制产业升级。加入工业虚拟变量后回归结果为表 5 – 10 中的第（5）、（6）列。房地产泡沫各指标对产业升级的直接影响仍然是显著的抑制作用，但是工业行业的抑制作用要小一些，这可能是由于在房地产泡沫较小阶段，对于工业领域的资金缓释效应等正向机制起到了主要的作用。

（三）其他反映价值链攀升的指标

在全球价值链的指标测度中，还有关于价值链上下游位置的指标的测度。典型的有王直等（2017）基于产业平均步长计算的价值链位置指数，根据具体某一个产业在全球产业分工中前向平均跨境次数和后向平均跨境次数的相对变化，反映在价值链中上下游的位置。也有基于 APL 法计算的全球价值链位置。本文也用这两种指标尝试分析了房地产泡沫对价值链位置的影响，发现具有显著的负向作用，即房地产泡沫不利于行业向产业链的上游攀升，导致行业向下游移动。但是，这并不能确切地说明是否有利于产业升级。因为在全球产业垂直化分工，并且分工细碎化程度日益提高的现代，无论上游还是下游生产的任何一个环节，都有可能由于技术的垄断存在较高的增加值率。例如，近年来中美贸易摩擦事件中，美国对中国华为的芯片施行断供。出现这种局面的关键因素是中国集成芯片行业长期受到美国等发达国家的技术封锁和人才垄断，自己不具备生产高精芯片的能力。而集成芯片行业并不处于所谓的微笑曲线的两端，反而恰恰是一个中间品的加工环节。所以我们认为价值链位置并不必然与产业升级有关联。

第三节　本章小结

本章采用区域—行业—时间三维数据，实证检验房地产泡沫对全球价值下产业升级的影响方向。

第一，房地产泡沫对出口技术含量存在"倒U型"关系，但是大多数情况下处于负向的区间。通过构建计量模型，实证分析了实际房地产价格、房价增长率和房价偏离程度对出口技术含量的影响。无论从国家层面还是行业层面的实证结果都显示房价和房价偏离对出口技术含量的影响呈"倒U型"。当房价较低、房价偏离度较小时，房价上升、房价偏离程度提高会促进出口技术含量的调高，但是当房价较高、房价偏离经济基本面的程度较高时，也就是存在房地产泡沫时对出口技术含量存在负向的影响。我们考察的31个国家（地区）2005~2014年样本期内，绝大多数样本点落在负向区间内。实体经济中的工业是一国经济的基础，是产业升级实现的重点区域。在行业层面上，除了全样本与国家层面的回归结果进行对比，我们还重点关注了房地产泡沫对工业出口技术含量的影响，发现样本期内房地产价格和房价偏离程度对工业行业出口技术含量的负向作用大于非工业行业，而房价增长率对二者影响没有显著差异。为防止内生性对估计结果的影响，用房地产泡沫相关变量的滞后一期作为工具变量进行稳健性检验，发现上述结论仍然成立，即结果是稳健的。

第二，房地产泡沫抑制了出口国内增加值率的提升。实证发现，房价上涨和房价偏离经济基本面的程度提高，均显著抑制出口产品国内增加值率的上升，房价增长率的系数虽然不显著，但仍然为负。控制了内生性后上述结论仍然成立。进一步将出口国内增加值率剔除掉出口返回值，替换为与之对偶的出口国外增加值率和垂直化率后，结论仍然稳健。

第六章

全球价值链下房地产泡沫影响
产业升级的机制效应检验

本章进行机制效应检验，主要基于两类检验，一是，基于出口技术含量的分解，检验房地产泡沫通过技术边际效应、结构边际效应和规模边际效应影响出口技术含量的机制；二是，以反映出口规模、经济结构和技术的宏观经济变量分别作为中介变量，检验房地产泡沫对GVC参与度和GVC位置的影响机制。横向来看，要对房地产泡沫通过规模效应、结构效应和技术效应三大机制影响全球价值链视角下的产业升级进行检验。

第一节 房地产泡沫对出口技术
含量的机制效应检验

一、房地产泡沫、规模效应与出口技术含量

规模效应是指由于房地产泡沫通过影响出口规模进而对出口技术含量产生影响的机制。根据机制效应部分分析的结果，如果将技术效率（劳动生产率）、投入产出结构固定为基期的量，仅出口规模 E 发生变化，那么出口技术含量的变化就完全是由出口规模的变化引起的，

这称为出口技术含量的规模边际效应（毛海鸥和刘海云，2018）。那么我们就可以将这个规模边际作为中介变量，观察房地产泡沫对出口规模边际的影响，以及出口规模边际对出口技术含量的影响。

在此，可以继续使用式（5-1）进行估计。将被解释变量换为规模边际效应。其他变量不变。估计结果如表6-1第（1）~（4）列所示。结果显示房价上涨和房价偏离可以通过影响出口规模进而影响出口技术含量。并且对出口规模的影响也同样呈现出"倒U型"特征。当前样本2010年为100的情况下，实际房价指数对规模边际效应的拐点为，rhpi=87。大部分样本点落在房价上涨抑制出口技术含量规模边际效应的区间。与对出口技术含量的直接效应类似。房价偏离对规模边际效应的拐点为-0.98，同样是大部分样本点落在房价偏离程度提高抑制出口技术含量规模边际效应的区间。房价增长率在此也呈现出与直接效应一致的影响，一次项系数显著为负，二次项系数不显著。总体而言，房地产泡沫通过规模效应影响出口技术含量的作用方向和大小是一致的，房地产泡沫可以引起出口规模的变化进而影响出口技术含量。

虽然根据出口技术含量的计算公式已经可以直观表现出口规模边际与出口技术含量之间的关系，但是为了与机制分析在相同框架下体现出口规模边际对出口技术含量的影响。仍然增加了规模边际对出口技术含量的回归。结果显示规模边际对出口技术含量的弹性系数为1.3345，即出口规模边际增加1%，出口技术含量将会增加1.3345%。

二、房地产泡沫、结构效应与出口技术含量

结构效应是指房地产泡沫通过影响投入产出结构进而对出口技术含量的影响机制。在劳动生产率和出口规模不变的情况下，单纯由于投入产出结构变化所引起的出口技术含量的变化称为出口技术含量的结构边际。进一步以此作为中介变量，可以检验房地产泡沫对出口技术含量的结构效应。估计结果见表6-1中第（5）~（8）列。实际房地产价格和房价偏离程度对出口结构边际同样呈现出"倒U型"。实际

机制效应检验

表 6 - 1

变量	(1) ITOVOBOE	(2) ITOVOBOE	(3) ITOVOBOE	(4) ITIE	(5) ITOVBEO	(6) ITOVBEO	(7) ITOVBEO	(8) ITIE	(9) ITOVOBEO	(10) ITOVOBEO	(11) ITOVOBEO	(12) ITIE
lrhpi	4.0409*** (2.65)				2.3897** (2.41)				7.2004*** (5.02)			
lrhpi2	-0.4554*** (-2.78)				-0.2645** (-2.49)				-0.7835*** (-5.08)			
ghpi		-0.0032*** (-2.83)				-0.0010 (-1.41)				-0.0026** (-2.40)		
ghpi2		-0.0000 (-0.41)				0.0000 (0.85)				-0.0000 (-0.03)		
phi			-0.4105*** (-3.82)				-0.2156*** (-3.10)				-0.4867*** (-4.90)	
phi2			-0.2097*** (-3.04)				-0.1419*** (-3.18)				-0.3945*** (-6.18)	
ITOVOBOE				1.3345*** (24.87)								

续表

变量	(1) ITVOB0E	(2) ITOVOB0E	(3) ITOVOB0E	(4) ITIE	(5) ITOVBE0	(6) ITOVBE0	(7) ITOVBE0	(8) ITIE	(9) ITVOB0E0	(10) ITVOB0E0	(11) ITVOB0E0	(12) ITIE
ITVOB0E0												1.5471*** (43.02)
ITOVBE0								1.6909*** (15.14)				
控制变量	Y	Y	Y	Y	Y	Y	Y	Y	Y	Y	Y	Y
Observations	310	308	310	310	310	308	310	310	310	308	310	310
R^2	0.9973	0.9972	0.9974	0.9976	0.9992	0.9991	0.9992	0.9958	0.9979	0.9977	0.9980	0.9990
F	29.56	27.13	29.95	224.2	7.950	7.224	8.552	108.6	28.51	36.73	590.2	33.85

注: 括号内为 t 值, *** p<0.01, ** p<0.05, * p<0.1。

房地产价格对出口技术含量的结构边际的拐点出现在 91.56，相比规模边际，房地产价格对出口技术含量的直接影响，要更靠右。这意味着，房地产价格通过结构效应影响出口技术含量有更大的空间处于促进结构优化的区间。在房地产价格不是特别高的区间内，房价上涨可以通过优化经济结构从而推动出口技术含量的提高。在 2010 年为 100 的情况下，只有房价高于 91.56，房价继续上涨才会导致恶化投入产出结构从而抑制出口技术含量的提高。房价偏离的拐点为 -0.7596，同样高于规模效应的拐点值。此外，房价增长率对出口技术含量的结构边际没有显著影响。说明房地产泡沫通过经济结构对出口技术含量产生影响是一个长期的过程，不在于短期的房地产价格大幅度波动，而在于房价持续上涨和长期的偏离对经济体投入产出结构的影响。

同样，我们也对出口技术含量的结构边际对出口技术含量进行了固定效应回归。结果显示出口技术含量的结构边际每提高 1%，出口技术含量提高 1.6909%。大于规模边际效应的大小。说明通过结构优化能够带来更大程度的出口技术含量的提高，也意味着，如果房地产泡沫对投入产出结构产生了不利影响，会带来更严重的后果。

三、房地产泡沫、技术效应与出口技术含量

技术效应是指房地产泡沫通过改变技术效率进而对出口技术含量产生影响的机制。当出口规模和投入产出结构不变，单纯由技术效率提高所引起的出口技术含量的提高称为出口技术含量的技术边际。那么房地产泡沫对技术边际效应产生作用就可以检验房地产泡沫对出口技术含量的技术效应机制。

回归结果见表 6-1 第（9）~（12）列。实际房地产价格和房价偏离对出口技术含量技术边际的影响也呈现"倒 U 型"。2010 年为 100，实际房地产价格指数的拐点为 84.8，该拐点数值小于规模边际效应和结构边际效应的拐点，甚至小于对出口技术含量直接效应的拐点。说明技术边际效应对房地产价格具有更低的容忍度，或者说技术效率对

房地产价格提升更加敏感，能够在房地产价格尚处于较低水平时便被抑制。但是房价偏离度的拐点为 -0.6168，高于规模效应和结构效应的拐点。大约有 1/3 的样本点落在房价偏离程度提高会促进技术边际效应的区间内，另外 2/3 的点落在房价偏离程度提高会抑制技术边际效应的区间内。房价增长率同样是显著的负向作用于技术边际效应。总体来说技术效应也能够解释房地产泡沫对出口技术含量的影响，存在大体一致的影响趋势。

技术边际效应对出口技术含量的回归结果显示，技术边际效率每提高 1%，出口技术含量提高 1.5471%，该弹性系数略小于结构边际效应，但是大于规模边际效应。说明更应该注意防范房地产泡沫通过影响技术效率和投入产出结构而对出口技术含量产生的负向影响，将房地产价格和房价偏离程度控制在能够促进技术效率、优化投入产出结构和促进出口规模上才是更重要的。

第二节　房地产泡沫对出口国内增加值率的影响机制检验

一、检验方法说明

与出口技术含量不同的是，出口国内增加值率难以直接拆解出规模边际、结构边际和技术边际，用来检验机制效应。那么，就需要构建机制效应模型，选取恰当的中介变量，来检验房地产泡沫对出口国内增加值率的机制。参考巴龙和詹妮（Baron and Genny，1986）、温忠麟等（2004）、赵心树等（Zhao Xinshu et al.，2010）构建机制效应检验模型如下[①]：

①　虽然当中介变量有多个时可以将多个中介变量同时放入，以检测中介效应的大小。本书的目的在于检验各中介效应的存在与否，尚不关注中介效应大小，因此构建单一中介变量的中介效应模型，逐一对各影响机制进行检验。

$$\text{dvar}_{ijt} = \theta_0 + \theta_1 \text{bubble}_{it} + \theta_3 C_{it} + \theta_4 Z_{ijt} + \mu_i + \tau_j + \omega_t + \varepsilon_{ijt}$$

$$M_{ijt} = \gamma_0 + \gamma_1 \text{bubble}_{it} + \gamma_3 C_{it} + \gamma_4 Z_{ijt} + \mu_i + \tau_j + \omega_t + \varepsilon_{ijt}$$

$$\text{dvar}_{ijt} = \delta_0 + \delta_1 \text{bubble}_{it} + \delta_2 M_{ijt} + \delta_3 C_{it} + \delta_4 Z_{ijt} + \mu_i + \tau_j + \omega_t + \varepsilon_{ijt}$$

其中 M_{ijt} 表示各中介变量，根据具体数据的情况可能是行业层面数据也可能为国家层面的数据。当检验规模效应时，该变量指 i 国家、j 行业 t 年份的出口规模。当检验技术效应时该变量则为反映技术效应大小的变量，依次类推。公式中的其他变量含义与基准模型相同。

具体到中介效应检验的程序和判断标准，我们将重点关注 θ_1、γ_1、δ_1、δ_2 的显著性和符号方向。θ_1 反映房地产泡沫对出口国内增加值率总效应的大小和方向；γ_1 为房地产泡沫对中介变量的影响，$\gamma_1 > 0$ 表示房地产泡沫水平提高能够提高中介变量，$\gamma_1 < 0$ 则说明房地产泡沫抑制了中介变量；δ_1 为房地产泡沫对全球价值链参与度的直接效应，$\gamma_1\delta_2$ 则为通过中介产生的间接效应。总效应 = 直接效应 + 间接效应，从而得到：

$$\theta_1 = \delta_1 + \gamma_1\delta_2 \#$$

设定好中介效应检验模型后，具体的判断流程为：①首先对表达式 dvar_{ijt}，M_{ijt}，dvar_{ijt} 进行估计，检验 θ_1 的显著性，若显著则可以继续分析中介效应。然后看 γ_1、δ_2 的显著性。②若 γ_1、δ_2 都显著，则继续看 δ_1 系数的显著性。若 δ_1 不显著，则为完全中介效应。若 δ_1 显著，为部分中介效应。③若 γ_1、δ_2 都显著，需要进行 Sobel 检验，若显著则存在中介效应，若不显著则说明中介效应不显著。

鉴于出口国内增加值率是由国内附加值除以出口规模得到，而出口规模对出口增加值率的影响既存在内生的反向关系，又存在由于规模效应而导致的外生的相互作用，难以检测单独的规模效应。为检验房地产泡沫对出口国内增加值率的影响机制，从结构效应和技术效应两个路径选取变量，进行中介效应检验。结构效应采用制造业增加值占 GDP 的比重和金融机构发放的贷款占 GDP 的比来表示。由于投入产出结构无法通过宏观经济变量表示，金融机构发放的贷款表示经济中使用的资金，其与 GDP 的比可以反映虚拟经济与实体经济的结构。而制造业在经济中的比重则主要表示产业结构。技术效应用劳动生产率和显性比较优势指数作为中介变量。劳动生产率的提高是技术提升的综合反映。显性比较优势指数往往用来表示某个国家某行业的竞争力，其数值的提升也来自国内相比较而言的技术水平的提高。

二、房地产泡沫、规模效应与出口国内增加值率

在房地产泡沫对出口技术量的影响机制检验部分已经证明房地产泡沫显著负向作用于出口规模。而出口规模与出口国内增加值率存在较强的内生性，难以检测规模效应机制。现实中，出口规模与出口国内增加值率存在较为复杂的关系。不同贸易类型的行业或企业相同的出口规模表现出不同的出口国内增加值率。祝坤福等（2013）对中国出口国内附加值的测算发现，国际加工贸易行业的国内增加值率仅为最终品生产出口行业的一半左右。即加工贸易和一般贸易包含的出口国内增加值率存在较大的差异。对于一个经济总体而言，如果加工贸易占比较高，即使出口规模扩大，出口国内增加值率不会提高反而会降低。所以此处不进行规模效应的检验。

三、房地产泡沫、结构效应与出口国内增加值率

房地产泡沫通过结构效应对出口国内增加值率的影响，主要采用虚拟经济和实体经济的结构以及产业结构来表示。

（一）虚实结构效应

房地产本身属于虚拟经济的活动领域，房地产泡沫的产生，本身代表虚拟经济膨胀，进一步通过投入产出关系在经济中传导，进而影响虚实结构。由于在基准回归和稳健性检验中房价增长率的系数不显著，在此仅检验实际房价变动和房价偏离度变化如何通过影响虚实结构进而影响出口国内增加值率。虚实结构的中介变量选择金融部门提供的国内信贷占国内生产总值的百分比表示。表6-2为根据上述中介

表 6 – 2

房地产泡沫对出口国内增加值率的结构效应检验

变量	(1) dvar	(2) loan	(3) dvar	(4) dvar	(5) loan	(6) dvar	(7) dvar	(8) zhizao	(9) dvar	(10) dvar	(11) zhizao	(12) dvar
loan	-0.0215*** (-4.21)	0.0902*** (8.17)	-0.0098** (-2.54)			-0.0097** (-2.51)						
Zhizao									0.0028*** (4.22)			0.0028*** (4.23)
lrhpi			-0.0208*** (-3.90)				-0.0215*** (-4.21)		-0.0167*** (-3.19)			
phi				-0.0214*** (-4.17)	0.1039*** (9.39)	-0.0205*** (-3.83)		-1.7515*** (-28.43)		-0.0214*** (-4.17)	-1.7528*** (-28.38)	-0.0166*** (-3.15)
linfra	0.0030 (0.52)	-0.2834*** (-23.46)	0.0006 (0.09)	0.0030 (0.52)	-0.2814*** (-23.30)	0.0006 (0.10)	0.0030 (0.52)	-3.0160*** (-43.27)	0.0113* (1.84)	0.0030 (0.52)	-3.0185*** (-43.29)	0.0113* (1.84)
lyrsch	0.0846*** (2.79)	1.2067*** (18.90)	0.1024*** (3.29)	0.0847*** (2.79)	1.1843*** (18.55)	0.1021*** (3.27)	0.0846*** (2.79)	5.6174*** (15.39)	0.0692** (2.27)	0.0847*** (2.79)	5.6458*** (15.45)	0.0692** (2.27)
lopen	-0.1041*** (-12.13)	-0.2098*** (-11.51)	-0.1044*** (-11.82)	-0.1041*** (-12.12)	-0.2018*** (-11.06)	-0.1043*** (-11.80)	-0.1041*** (-12.13)	6.0600*** (58.61)	-0.1208*** (-12.79)	-0.1041*** (-12.12)	6.0539*** (58.49)	-0.1208*** (-12.78)

续表

变量	(1) dvar	(2) loan	(3) dvar	(4) dvar	(5) loan	(6) dvar	(7) dvar	(8) zhizao	(9) dvar	(10) dvar	(11) zhizao	(12) dvar
lur	-0.1525*** (-3.38)	1.6617*** (17.19)	-0.1260*** (-2.67)	-0.1527*** (-3.38)	1.7181*** (17.74)	-0.1258*** (-2.66)	-0.1525*** (-3.38)	-0.1717 (-0.32)	-0.1517*** (-3.37)	-0.1527*** (-3.38)	-0.2390 (-0.44)	-0.1518*** (-3.36)
lrgdp	0.0367*** (2.93)	-0.6292*** (-22.95)	0.0288** (2.14)	0.0236** (2.15)	-0.5876*** (-24.65)	0.0161 (1.37)	0.0367*** (2.93)	5.8842*** (38.97)	0.0205 (1.57)	0.0236** (2.15)	4.8287*** (36.61)	0.0103 (0.90)
lpopmidu	-0.0655*** (-2.68)	1.4228*** (24.52)	-0.0510* (-1.79)	-0.0645*** (-2.63)	1.4131*** (24.35)	-0.0501* (-1.76)	-0.0655*** (-2.68)	-10.0992*** (-37.35)	-0.0352 (-1.38)	-0.0645*** (-2.63)	-10.9051*** (-36.95)	-0.0344 (-1.35)
lemp	0.0135*** (12.28)	0.0001 (0.03)	0.0144*** (12.89)	0.0135*** (12.28)	0.0001 (0.03)	0.0144*** (12.89)	0.0135*** (12.28)	-0.0032 (-0.24)	0.0135*** (12.30)	0.0135*** (12.28)	-0.0032 (-0.24)	0.0135*** (12.30)
lgo	-0.1562*** (-97.63)	0.0073*** (2.15)	-0.1568*** (-96.14)	-0.1562*** (-97.63)	0.0071** (2.11)	-0.1568*** (-96.14)	-0.1562*** (-97.63)	-0.0280 (-1.45)	-0.1561*** (-97.63)	-0.1562*** (-97.63)	-0.0279 (-1.45)	-0.1561*** (-97.63)
lk	0.0054*** (7.18)	0.0014 (0.87)	0.0052*** (6.73)	0.0054*** (7.18)	0.0014 (0.88)	0.0052*** (6.73)	0.0054*** (7.18)	-0.0028 (-0.31)	0.0054*** (7.19)	0.0054*** (7.18)	-0.0028 (-0.30)	0.0054*** (7.19)
lva	0.1369*** (79.73)	-0.0079** (-2.20)	0.1371*** (78.66)	0.1369*** (79.73)	-0.0078** (-2.17)	0.1371*** (78.66)	0.1369*** (79.73)	0.0307 (1.48)	0.1368*** (79.71)	0.1369*** (79.73)	0.0305 (1.47)	0.1368*** (79.71)

续表

变量	(1) dvar	(2) loan	(3) dvar	(4) dvar	(5) loan	(6) dvar	(7) dvar	(8) zhizao	(9) dvar	(10) dvar	(11) zhizao	(12) dvar
Constant	0.5130 (1.46)	11.4056*** (15.45)	0.6523* (1.82)	0.7513** (2.34)	10.8179*** (16.06)	0.8864*** (2.70)	0.5130 (1.46)	-110.6943*** (-26.21)	0.8168** (2.28)	0.7513** (2.34)	-91.7008*** (-23.71)	1.0035*** (3.07)
Observations	16244	15716	15668	16244	15716	15668	16244	16292	16244	16244	16292	16244
R^2	0.8447	0.9539	0.8457	0.8447	0.9539	0.8457	0.8447	0.9860	0.8449	0.8447	0.9860	0.8449
N	16244	15716	15668	16244	15716	15668	16244	16292	16244	16244	16292	16244
F	902.5	258.2	804.5	902.4	260.5	804.5	902.5	1206	829.6	902.4	1205	829.6

注：括号内为 t 值，*** $p<0.01$，** $p<0.05$，* $p<0.1$。

效应检验模型进行的检验。第（1）~（3）列以虚实结构来检验房地产价格的经济结构效应。第（1）列显示实际房地产价格指数对国内出口增加值率的综合效应为 -0.0215。第（2）列显示实际房价上升提高信贷占经济的比重，也就是实际房地产价格导致经济脱实向虚。第（3）列显示无论实际房价指数还是虚拟经济占比均显著负向作用于出口国内增加值率。总体而言，房地产价格部分直接负向作用于出口国内增加值率，部分通过导致经济出现脱虚向实进而抑制出口国内增加值率的提升。第（4）~（6）列以虚实结构来检验房价偏离的经济结构效应。结果发现房价偏离也同样存在部分的直接负向作用，部分通过引起经济虚实结构的变化进而改变出口国内增加值率。

（二）产业结构效应

进一步，采用制造业增加值占国内生产总值的比表示经济结构来检验结构效应。表6-2中（7）~（12）列为机制效应检验的结果。第（7）~（9）列的结果显示房价上涨负向作用于制造业占比，而制造业占比的提高有利于出口国内增加值率的提升。第（9）列中实际房价指数的回归系数绝对值小于第（7）的系数，说明存在部分的间接效应，通过引起产业结构的变化进一步产生作用。第（10）~（12）列的结果中房价偏离对出口国内增加值率的产业结构效应类似，巧合的是间接效应的系数和比例也相差无几。

总之，无论是虚实结构还是产业结构，房地产泡沫通过引发经济结构向着产业空心化和虚拟化的方向发展，从而导致出口国内增加值率的下降。

四、房地产泡沫、技术效应与出口国内增加值率

考察房地产泡沫通过影响技术水平的变化进而作用于出口国内增加值率主要选用劳动生产率和显性比较优势指数两个指标。

（一）劳动生产率

对应于出口技术含量的技术效应，同样采用劳动生产率作为技术水平的代表。劳动生产率为行业增加值除以行业从业人员数得到。劳动生产率作为中介变量检验房地产泡沫对出口国内增加值率的技术效应结果见表6-3第（1）~（6）列，其中前三列为实际房地产价格对出口国内增加值率的技术效应，第（4）~（6）列为房价偏离程度对出口国内增加值率的技术效应。结果显示两个房地产泡沫的指标均存在部分的中介效应，首先负向作用于劳动生产率，而劳动生产率显著正向作用于出口国内增加值率。并且劳动生产率对二者的间接效应系数大小也类似。

（二）显性比较优势指数

传统的显性比较优势指数（RCA指数）是指一个行业占国内总出口的比重比国际上这个行业占国际总出口的比重。若大于1则说明该国家的这一行业具有显性比较优势。王直等（2017）指出，从全球价值链的角度，传统的RCA指数忽略了国内和国际的生产分工，并且没有考虑出口中包含的国外附加值和重复计算部分。他们构建了一个新的基于增加值分解的RCA指数，即隐含的某个行业增加值占总出口国内增加值的比重除以所有国家出口中该部分的增加值与全球总出口国内增加值的比例。对于G个国家n个部门的世界经济而言，某个国家某个行业基于增加值的RCA指数公式为：

$$\text{RCA}_{\text{VA}} = \frac{(\text{vax}_f + \text{rdv}_f)/\sum_1^n (\text{vax}_f + \text{rdv}_f)}{\sum_r^G (\text{vax}_f + \text{rdv}_f)/\sum_r^G \sum_1^n (\text{vax}_f + \text{rdv}_f)}$$

该指标能够较好反映某个国家具体行业在国际中的显性优势。在此，我们将其作为技术效应中介变量。实证结果如表6-3第（7）~（12）列所示。无论实际房价指数还是房价偏离均显著负向作用于RCA指数，说明房地产泡沫程度越高，抑制了技术水平的提高，导致了显性

表6-3　房地产泡沫对出口国内增加值率的技术效应检验

变量	(1) dvar	(2) lnlp	(3) dvar	(4) dvar	(5) lnlp	(6) dvar	(7) dvar	(8) tec	(9) dvar	(10) dvar	(11) tec	(12) dvar
lnlp			0.0612*** (22.19)			0.0612*** (22.19)						
RCA									0.0045*** (6.86)			0.0045*** (6.86)
lrhpi	-0.0215*** (-4.21)	-0.0437*** (-3.04)	-0.0188*** (-3.73)				-0.0277*** (-12.79)	-0.1172*** (-4.20)	-0.0272*** (-12.59)			
phi				-0.0214*** (-4.17)	-0.0451*** (-3.13)	-0.0186*** (-3.68)				-0.0276*** (-12.71)	-0.1186*** (-4.24)	-0.0271*** (-12.51)
linfra	0.0030 (0.52)	0.1201*** (7.39)	-0.0043 (-0.76)	0.0030 (0.52)	0.1198*** (7.38)	-0.0043 (-0.75)	0.0029 (1.18)	-0.1051*** (-3.32)	0.0034 (1.36)	0.0029 (1.17)	-0.1055*** (-3.33)	0.0033 (1.35)
lyrsch	0.0846*** (2.79)	0.6227*** (7.32)	0.0465 (1.56)	0.0847*** (2.79)	0.6255*** (7.34)	0.0465 (1.55)	0.1097*** (8.53)	0.8292*** (5.00)	0.1061*** (8.25)	0.1100*** (8.54)	0.8331*** (5.02)	0.1064*** (8.26)
lopen	-0.1041*** (-12.13)	-0.4144*** (-17.19)	-0.0788*** (-9.24)	-0.1041*** (-12.12)	-0.4154*** (-17.22)	-0.0787*** (-9.22)	-0.1071*** (-29.64)	-0.0001 (-0.00)	-0.1070*** (-29.66)	-0.1071*** (-29.61)	-0.0014 (-0.03)	-0.1070*** (-29.63)

续表

变量	(1) dvar	(2) lnlp	(3) dvar	(4) dvar	(5) lnlp	(6) dvar	(7) dvar	(8) tec	(9) dvar	(10) dvar	(11) tec	(12) dvar
lur	-0.1525*** (-3.38)	-0.9302*** (-7.36)	-0.0953** (-2.14)	-0.1527*** (-3.38)	-0.9372*** (-7.40)	-0.0951** (-2.13)	-0.1562*** (-8.23)	0.0858 (0.35)	-0.1564*** (-8.25)	-0.1569*** (-8.24)	0.0762 (0.31)	-0.1570*** (-8.26)
lrgdp	0.0367*** (2.93)	0.5083*** (14.44)	0.0055 (0.45)	0.0236** (2.15)	0.4832*** (15.72)	-0.0060 (-0.55)	0.0505*** (9.33)	-0.6353*** (-9.10)	0.0535*** (9.86)	0.0337*** (7.05)	-0.7048*** (-11.44)	0.0370*** (7.70)
lpopmidu	-0.0655*** (-2.68)	-0.4932*** (-7.19)	-0.0354 (-1.46)	-0.0645*** (-2.63)	-0.4895*** (-7.12)	-0.0346 (-1.43)	-0.0820*** (-7.90)	0.5503*** (4.11)	-0.0844*** (-8.14)	-0.0807*** (-7.75)	0.5579*** (4.16)	-0.0830*** (-7.99)
lemp	0.0135*** (12.28)	-0.9218*** (-300.00)	0.0699*** (25.30)	0.0135*** (12.28)	-0.9218*** (-300.00)	0.0699*** (25.29)	0.0233*** (16.36)	0.1686*** (9.18)	0.0225*** (15.81)	0.0233*** (16.36)	0.1686*** (9.18)	0.0225*** (15.81)
lgo	-0.1562*** (-97.63)	0.2403*** (53.52)	-0.1709*** (-99.95)	-0.1562*** (-97.63)	0.2403*** (53.52)	-0.1709*** (-99.94)	-0.1148*** (-70.12)	0.1850*** (8.75)	-0.1157*** (-70.54)	-0.1148*** (-70.11)	0.1851*** (8.76)	-0.1157*** (-70.53)
lk	0.0054*** (7.18)	-0.0102*** (-4.81)	0.0060*** (8.10)	0.0054*** (7.18)	-0.0102*** (-4.81)	0.0060*** (8.11)	-0.0100*** (-7.37)	-0.3075*** (-17.60)	-0.0086*** (-6.27)	-0.0100*** (-7.35)	-0.3075*** (-17.60)	-0.0086*** (-6.26)
lva	0.1369*** (79.73)	0.6710*** (139.15)	0.0958*** (38.21)	0.1369*** (79.73)	0.6710*** (139.15)	0.0958*** (38.21)	0.0987*** (62.65)	0.5223*** (25.68)	0.0963*** (59.82)	0.0987*** (62.63)	0.5222*** (25.68)	0.0963*** (59.80)

续表

变量	(1) dvar	(2) lnlp	(3) dvar	(4) dvar	(5) lnlp	(6) dvar	(7) dvar	(8) tec	(9) dvar	(10) dvar	(11) tec	(12) dvar
Constant	0.5130 (1.46)	-1.0932 (-1.11)	0.5812* (1.68)	0.7513** (2.34)	-0.6613 (-0.73)	0.7926** (2.51)	0.1846 (1.24)	12.4344*** (6.46)	0.1250 (0.84)	0.4882*** (3.56)	13.6658*** (7.72)	0.4237*** (3.08)
Observations	16244	16292	16244	16244	16292	16244	16244	16292	16244	16244	16292	16244
R^2	0.8447	0.9758	0.8493	0.8447	0.9758	0.8493	0.9751	0.9482	0.9752	0.9751	0.9482	0.9752
N	16244	16292	16244	16244	16292	16244	16244	16292	16244	16244	16292	16244
F	902.5	9814	893.5	902.4	9815	893.4	671.9	192.8	621.8	671.6	192.8	621.5

注：括号内为 t 值，*** $p < 0.01$，** $p < 0.05$，* $p < 0.1$。

比较优势的下降。显性比较优势的提高显著提高了出口国内增加值率的上升。以该指标计算的间接效应相比用劳动生产率计算的间接效应要小，原因可能是显性比较优势是除了受自己本身的技术水平的影响外，还要受到世界其他国家和地区的影响。

第三节　本　章　小　结

本章采取了两种不同的方法分别检验了房地产泡沫如何通过规模效应、结构效应和技术效应影响全球价值链下的产业升级。对于代表产业升级的第一个指标出口技术含量，在计算的过程中可以分解出规模边际效应、结构边际效应和技术边际效应。房地产泡沫可以通过规模边际效应、结构边际效应和技术边际效应进而影响出口技术含量。即房地产泡沫通过影响技术产出效率、经济产出结构和出口规模进而对出口技术含量产生影响。非线性检验的结果显著，房地产泡沫对出口技术含量的三个边际效应也呈现"倒 U 型"关系，但是房地产相关指标促进出口技术含量提高的区间很小，并且处于房地产价格水平较低、房价增长率较慢、房价没有偏离经济基本面的情况下。检验发现在大部分区间内房地产泡沫显著抑制规模边际、结构边际和技术边际，也就是随着房地产泡沫的产生和逐渐膨胀，抑制了出口规模、恶化了经济结构、阻碍了技术创新，进而抑制了出口技术含量的提高。虽然出现拐点的位置有所差异，当存在房地产泡沫时，即房价水平到达一定程度、房价偏离经济基本面到一定程度、房价增长率上升时，均表现出房地产泡沫通过规模边际效应、结构边际效应和技术边际效应进而影响出口技术含量的作用机制。实际房地产价格对出口技术含量弹性系数拐点的临界值技术效应＜规模效应＜结构效应，说明房地产价格上涨对出口技术含量的负向影响是首先导致生产效率和出口规模的降低，进而通过引起投入产出结构的变化抑制出口技术含量。剔除掉经济基本面后，房价偏离程度对出口技术含量的弹性系数规模效应＜

结构效应<技术效应。所以房地产泡沫整体表现出先对出口规模产生负向作用，进而对生产效率和生产结构产生作用，是一个由量变到质变的过程。而这种对生产率和生产结构的影响则是阻碍产业升级的关键机制。

对代表产业升级的第二个指标出口国内增加值率，由于无法直接分解，采用国家或者行业层面的宏观经济变量作为机制效应检验的中介变量。结果发现，房地产泡沫同样可以通过导致产业空心化、经济脱实向虚等恶化经济结构，从而阻碍出口国内增加值率的提升。房地产泡沫程度的提高，不利于劳动生产率和显性比较优势的提升，抑制出口中包含的国内附加值。

第七章

全球价值链下房地产泡沫
与产业升级的典型案例分析

第一节　美国历次资产泡沫前后的
全球价值链升级

美国在历史上经历过三次资产泡沫。分别是 20 世纪 30 年代之前，由房地产泡沫破裂引发的股票市场崩溃；20 世纪 80 年代由储蓄贷款导致的资产泡沫和 21 世纪初由房地产次贷危机带来的全球性金融危机。这三个阶段同时也大致对应美国的工业化、去工业化和再工业化三个阶段。美国的产业升级路径主要是从以纺织业为主的轻工业到以钢铁、机械为主的重化工业，再到服务业和高新技术产业。

美国在 20 世纪初已经取得了工业革命的全面胜利，实现了工业化和现代化；20 世纪五六十年代是美国的后工业化时期；2008 年金融危机爆发至今，美国政府意识到经济虚拟化的危害后开始实行"再工业化"的战略，实体经济占国民经济的比重重新开始上升。理论上来说，当企业的产出不断提高，其在股票市场上的价值也是不断上升的，这也是股票市场在该阶段发展繁荣的一个重要原因。企业股票市值的提高，可以借贷的资金额越大，这种情况下实体经济的生产力会越来越大，也更有利于开展技术研发，促进产业升级。但现实情况却不是如此，实体经济与虚拟经济发展存在严重脱节，多年间，工人的数量并没有发生明显的变化，但是工资却仅增长2%。通过银行信用贷款流出的资金不会全部用于消费和实体产业的投资，大量资金在投机心理的驱动下一部分涌入金融市场，另一部分涌入房地产市场，金融市场和房地产市场的过度投机会造成短期内经济结构中过度膨胀的流动性无法消除，如此必然造成通货膨胀，市场需求虚假上升，实体经济发展疲软，产生实体经济的虚假繁荣。企业在假象繁荣之下盲目投资，扩大产能，进一步加重了产能过剩。当市场虚假需求突然消失时，企业库存积压，流动性下降，就会引致实体经济的崩溃。金融杠杆过度延长导致系统性金融风险累积，一旦发生信用危机，股票市场和房地产市场泡沫破裂，金融危机接踵而至，对国家产业结构调整和产业升级都是该阶段致命性的打击。

一、泡沫形成过程中的全球价值链参与情况

（一）20世纪30年代之前

18世纪末至1930年是美国工业化的起飞和初步实现阶段。随着市场经济和城市商品经济的逐步建立，美国的工业化步入正轨，工业产值持续保持上升趋势，但是工业内部结构表现出不同的特征，经历了从轻工业化阶段到重工业化阶段。进入19世纪60年代之后，美国市场实现了统一，国内市场扩容，需求大幅度增加，从而导致工业扩张。随着社会对机器设备的不断需求，重工业逐渐超过轻工业。经济进入重工业化时期，而重工业化时期也分为初级工业化时期和高端工业化时期。初级的重工业阶段，主要集中于铁路建筑业、煤炭、石油的开采等基础原材料部门。1885年之前，工业稳步增长，但是增长的速度相比后期阶段来说较慢。这个时期交通运输业，通信业也得到了较快的发展，随后，随着电力技术等的出现，以机械工业为代表的加工组

装部门开始崛起，深加工部门规模日益增加。此时，在传统行业如纺织业和钢铁业，美国逐渐由纯进口国变成了净出口国。电力电气工业、汽车工业等新兴产业迅猛发展，并且在世界上处于绝对的领先地位。19 世纪末，美国的制造业产值已然数倍于农业产值并领先世界其他工业化国家。20 世纪初，在战后红利的影响下，使美国成为综合国力最强的国家。1913 年，超过英国等其他欧洲国家，美国工业产量居世界第一位。[①]

如图 7 - 1 所示，在工业化进程中的 19 世纪中期，工业产值增长速度虽然比 17 世纪快，但是在 19 世纪后期，尤其是进入 20 世纪以来，基本属于比较平缓的。工业基本是在 1880 ~ 1920 年迅速成长起来，并且奠定了美国世界霸主的地位。到 1915 年，美国的汽车出口达到 1.23 亿美元，十年时间扩张 60 多倍。正是由于这个阶段的发展，美国在工业领域成为世界上的领导者和创新者。

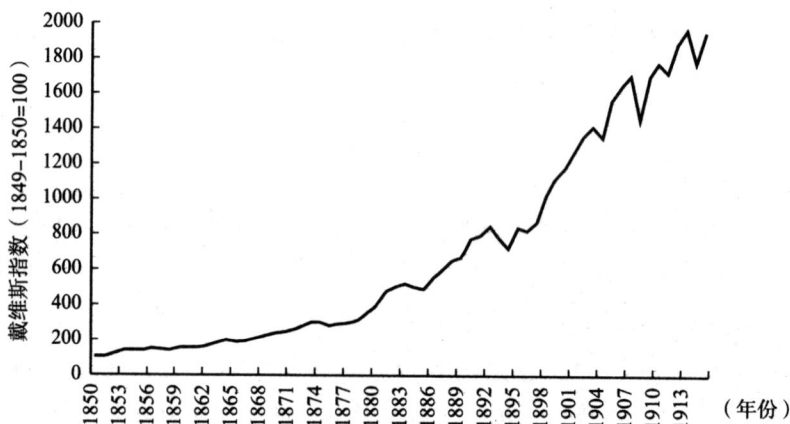

图 7 - 1 1850 ~ 1915 年美国工业产量

资料来源：Joseph H. Davis, "An Annual Index of U. S. Industrial Production, 1970 – 1915", Quarterly Journal of Economics, Vol. 119, no. 4, November 2004.

---

① 贾根良，美国学派与美国的工业化——经验教训与启示，认为 1894 美国制造业产值跃居世界第一位，并标志着美国工业化的基本完成。

美国作为世界上用最短时间完成工业化的国家之一，其快速工业化与金融体系的发展相互成就。在美国工业化的过程中，金融业也得到了较快的发展，进入 20 世纪后美国的现代金融体系已经建立。可以说，美国的工业化阶段，也是其金融体系快速发展和完善的阶段。到 1912 年美国金融资产占总资产的比重达到 42.9%，仅次于英国，居世界第二位。

但随着股票、债券市场的迅猛发展，逐渐与实体经济脱离，资产泡沫出现。再加上美国战后强硬的贸易保护主义政策遏制了欧洲本土经济复苏，导致欧洲大量资本流入美国，到 1929 年经济大萧条之前，道琼斯工业指数十年之间上涨 400%，道琼斯指数最高点达到 452 点，迅速将美国股市泡沫吹大。而与金融市场道琼斯工业指数上涨 400% 相比，当时美国的国内生产总值增长不过 50%。1929 年 10 月，人们认为永不会消失的繁荣却戛然而止，股票市场暴跌崩盘。从而引发长达四年的世界性经济危机。

（二）20 世纪 80 年代

20 世纪 70 年代布雷顿森林体系的完结，标志着美元与黄金脱钩，黄金非货币化正式完成，货币发行与汇率决定不再受制于本国黄金储备的数量。但是这对美元的霸权地位并未产生较大的影响，相反，黄金的非货币化加剧了美国经济的去工业化和经济虚拟化。

20 世纪全球化进程的加快推动了美国去工业化进程，美元升值导致国内企业出口竞争力下降，产业逐渐转移到劳动力等资源价格较低的国家和地区。美国开启了用强势美元购买国外商品保持高消费的"高端模式"，同时也由贸易顺差国家逐渐转变为净贸易逆差国家。美国在去工业化时期主要表现在于第二产业占比逐步下降，而第三产业占比逐渐增加，在世界贸易中工业制成品所占的份额逐渐减少，如表 7-1 所示，1950 年，美国的钢铁产量占世界总量接近一半，而到 2005 年下降为 8.3%。同时制造业领域的就业人数也呈逐渐下降趋势，1947 年美国制造业工人占总劳动力人数的 24.4%，而到了 2004 年仅占

9.7%。① 虽然福特等老牌汽车企业仍然在世界上有较强的竞争力，但是总体来说，随着去工业化进程的推进，美国的汽车产业在全世界的地位也在逐渐降低。1960年美国的汽车产量占世界总产量的48.5%，2005年减少了2/3，下降为18.7%。

表7-1　　　　　　1950~2015年世界和美国的钢铁与汽车产量

年份	粗钢产量（百万公吨）		美国占世界的百分比	年份	汽车产量（百万辆）		美国占世界的百分比
	世界	美国			世界	美国	
1950	207.9	96.8	46.6	—	—	—	—
1960	379.7	99.3	26.2	1960	16.5	8.0	48.5
1970	595.4	119.3	20.0	1970	29.3	7.9	27.0
1980	715.6	101.5	14.2	1980	38.9	8.0	20.6
1985	718.9	80.1	11.1	1985	43.9	11.7	26.7
1990	770.5	89.7	11.6	1990	48.1	9.7	20.2
1995	752.3	95.2	12.7	1995	50.0	12.0	24.0
2000	848.9	101.8	12.0	2000	57.5	12.8	22.3
2005	1148.0	94.9	8.3	2005	66.7	11.9	17.8
2010	1433.4	80.5	5.6	2010	77.6	7.7	9.9
2015	1620.0	78.8	4.9	2015	90.8	12.1	13.3

数据来源：钢铁产量数据摘自世界钢铁协会（Worldsteel Association）；汽车产量数据1960~1995年数据摘自［美］休斯·凯恩：《美国经济史（第7版·翻译版）》P609、P610，2000~2015年数据摘自国际汽车制造商协会（International Organization of Motor Vehicle Manufacturers，OICA）。

如表7-2所示，为1947~1954年间技术集约化阶段美国支柱行业的变迁过程。不难发现，与20世纪二三十年代相比，美国运输设备的平均增速和对工业增长的贡献率都大幅上涨，美国的支柱行业由机械转变为以汽车、飞机等为代表的运输设备行业。

---

① 资料来源：联合国世界经济发展数据库。

表 7 - 2　　　　　　　　技术集约化阶段美国支柱行业的变迁

年份	按年均增速		按对工业增长的贡献	
	支柱行业	平均增速（%）	支柱行业	贡献率（%）
1947～1954	运输设备*	13.1	运输设备**	19.0
	机械	9.2	机械	18.8
	钢铁	8.6	食品	10.3
	化工	8.5	化工	9.6

注：*表示运输设备的年均增速为 13.1%，其中飞机制造为 30.8%，汽车制造为 9.5%；**表示运输设备总贡献率为 19.0%，其中汽车制造为 6.1%，飞机制造为 12.4%；按增加值计算。

资料来源：马亚华. 美国工业化阶段的历史评估［J］. 世界地理研究，2010，19（3）：81 - 87.

20 世纪 80 年代以来，随着现代信用体系的兴起和发展，美国继续实施了一系列放松金融管制的措施。例如不断扩大股票、债券等金融衍生品的市场规模，促进交易方式多元化，逐步改变美国经济的运行模式。由此形成了以资本流动自由为特征的金融自由化浪潮。也是从该阶段开始，随着美国金融自由化程度的不断提高，其虚拟经济和实体经济的发展逐步脱离并实现自行增值，因此可能出现实体经济产业空心化和以金融、房地产业为代表的虚拟经济异常繁荣的景象，为 80 年代的资产泡沫以及 2008 年的全球性金融危机埋下隐患。

（三）21 世纪初

20 世纪 90 年代至今，美国进入信息产业经济时代，金融业也成为美国经济发展的核心产业。美国经济产业空心化严重，大量产业外移，导致失业率上升，国内就业形势严峻，贫富两极分化现象严重。2008 年由房地产次级贷款引发的金融危机再次让美国成为众矢之的，实体经济低迷，经济进入衰退期。次贷危机的本质是因为房地产信贷扩张过快，房地产信贷证券化和过度创新导致的。伴随着美国国内实体经济的不健康发展，本次危机影响更加深远。

美国经济数据分析局（BEA）报告显示，二战初以后美国制造业创造的国内生产总值较高，占全国经济总量的27%，但二战后美国制造业国内生产总值开始下降，到2016年下降到11.7%。在发生金融危机后的2009年，美国工业增加值占GDP的比重降到工业化以来的最低点，仅为20.2%。2012年底，美国工业增加值占GDP的比重为20.5%。如图7-2所示，自1997年到金融危机爆发后，美国的工业占经济的比重长期呈现下降趋势。不难看出，美国以制造业为主的实体经济正在大幅度萎缩，但与此同时金融和房地产业快速发展，并逐渐超越实体经济所创造的GDP。美国"去工业化"步伐的不断加快，使经济虚拟化程度进一步提高，虚拟经济脱离实体经济快速发展，并且随着实体经济的快速萎缩，美国经济增长对虚拟经济的依赖性也日益加强。

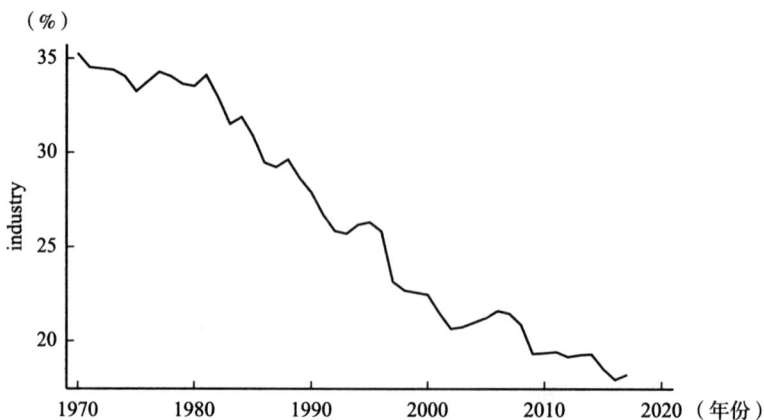

图7-2　1970～2018年美国工业增加值占GDP比重

资料来源：WIND数据库。

二、泡沫破灭对实体经济的影响

（一）20世纪30年代

1932年道琼斯工业指数跌幅达90%，泡沫破裂，从股市波及经济的各行各业，农业、工业、建筑业、房地产业、银行业等，至少13万家企业破产倒闭，整体水平倒退回1913年。失业人数迅速上升，投资消费急剧紧缩，人们收入急剧减少，社会动荡不安，一系列负面影响并迅速波及整个西方资本主义世界，引发世界性经济危机。史无前例的经济危机对实体经济产生毁灭性的打击。失业率飙升，约有1700万人失业下岗，占全国劳动人数的25%。但美国实体经济并没有因此停滞不前，随着罗斯福新政大刀阔斧的改革，经过短暂的恢复期，美国经济实现再一次腾飞。二战期间，美国工农业、军工业空前发展，随着自动化生产技术的不断娴熟，劳动生产率大幅提高。

"二战"后，美国进入工业化后期，称为"去工业化"。

美国形成以汽车业、钢铁业和半导体为核心的三大支柱产业，进一步奠定了美国世界霸主的地位。20世纪50年代，美国大量企业收购兼并，扩大企业规模，新技术和新产品涌现，产业结构发生变化，制造业发展迅速。

20世纪60年代，美国人力的高成本使其产品不再具有竞争优势，于是出现大量跨国公司将产品的生产和加工环节转移至国外低成本地区，美国相关企业在跨国界范围内以垂直一体化的形式对子公司的控制也进一步提高。由于美国的技术和创新研发能力均领先于世界，因此处于全球价值链的高端，而承接美国代工生产的国家和地区自然而然地被嵌入全球价值链的低附加值环节。

（二）20世纪80年代

20世纪80年代资产泡沫破裂。1985年，美国的研发活动变动较大。莫维利（Mowery，2009）指出，大企业研发投资比重下降，非制造企业研发投资比重上升，离岸研发活动数量稳步上升，专注于生产的大企业和研发创新活跃的中小企业形成了"策略联盟"的产业融合现象日趋增加。

（三）21世纪初

2008年的金融危机是由房地产市场上的次级贷款危机作为导火线。

泡沫破灭使得美国实体经济低迷。美国制造业的经营环境受经济周期影响明显，很多学者都把这次金融危机归因于长期以来的去工业化。与英国进入后工业化时期迅速衰落不完全一致的是，美国过度去工业化后经济稳定性下降，从而导致了 2008 年的金融危机。但是美国自二战后凭借其美元霸权和在国际社会的影响力，通过用美元购买其他国家廉价商品和疯狂印刷美元、卖出有价债券等方式，享受较高的消费。

20 世纪 80 年代中后期，美国开始进入了以信息产业为主导的后工业化时代。到 20 世纪 90 年代，信息技术产业超过三大支柱产业，成为美国经济的强力主导核心。

美国的去工业化战略实施后，工业占 GDP 的比例已经非常低，在 2008 年金融危机发生时仅仅不到 20%，随后美国实施了一系列再工业化的政策和措施，虽然工业略有回升，但是也仅仅上升到 2014 年的 20.68%，已经虚拟化的经济结构难以恢复。次贷危机的爆发使房地美、房利美面临危机，美国第四大投资银行雷曼兄弟公司由于流动性枯竭，申请破产保护。高盛、美林集团遭受重创，更有不计其数的银行纷纷关门倒闭。不仅如此，但凡与美国金融机构相关联的其他国家或地区也遭受洗劫，由此美国的次贷危机发展为全球性金融危机，而克服危机的办法便是各个国家和地区的货币宽松政策。2009 ~ 2020 年间，疫情发生之前，过度的流动性又带来了十年的股票市场牛市。

三、泡沫破灭后的价值链参与情况

20 世纪 30 年代虽然美国经历了第一次泡沫破裂，但无论从工业占经济的比重而言，还是工业产出量、出口量都超越了英国等工业革命比较早的国家，可以说工业化已经实现。在之后的三十年左右的时间里，美国的实体经济进一步发展，表现为技术化水平越来越高，生产过程和生产工艺逐步技术集约化。这个阶段可以看作美国工业发展史上的一个技术创新高峰。此后除了传统行业，技术密集型行业，如飞机制造、汽车、机械化工等行业的增加值年均超过 8%，成为美国经济增长的动力。到 1955 年底，美国工业增加值占 GDP 的比已经达到 55.8%，其中运输设备、机械、视频和化工业对工业增长的贡献率总计达到 57.7%，为工业化的腾飞奠定了坚实的基础。

20 世纪五六十年代正值美国去工业化阶段，同时也是第二次资产泡沫形成的阶段。此时美国利用发展中国家和地区的自然资源和低廉的劳动成本将国内的钢铁、汽车、化学等诸多传统实体产业转移出去，将全球价值链条中高附加值生产环节保留下来。这种利用各个国家和地区比较优势的国际垂直化一体分工的生产营销模式在迅速促进新兴经济体崛起的同时，也最大化发挥了发达国家的技术优势达到高端锁定。但是需要注意的是，过度去工业化会导致发达国家实体经济部门日益萎缩，在国民经济中的地位下降，与此同时，虚拟经济可以脱离实体经济自行增值。因此可能出现实体经济产业空心化和以金融、房地产业为代表的虚拟经济异常繁荣的景象，为下一次资产泡沫破裂埋下伏笔。

2008 年金融危机爆发后，美国经济进入衰退期。美国政府意识到经济虚拟化的危害，并提出美国经济要再次实现平衡，就需要在发展高新技术产业的同时必须实行"再工业化"，并于 2009 年底正式提出了"再工业化，制造业回流，五年出口倍增，降低失业率"等目标。"再工业化"强调的是一种实体经济的回归战略，针对发达国家的工业尤其是制造业在国民经济中的地位不断降低的情况，发达国家重新充实工业基础，重新振兴制造业。金融危机后，美国政府出台了一系列维护经济虚实平衡的规划法案，《重振美国制造业框架》《美国制造业振兴法案》《先进制造业伙伴计划》《先进制造业国家战略计划》等文件相继出台，以矫正之前虚拟经济过度发展导致的制造业等实体经济的空心化。美国后续又出台了一系列配套政策与战略，如以债务扩大为基础的财政政策，以出口倍增为目标的贸易政策，以限制金融体系盲目创新为诉求的监管政策以及以"再工业化"为核心的产业政策（宋国友，2013）。各项政策均体现出对实体经济的重新重视。2009 年美国劳工部公布的数据显示，2009 年 12 月非农业部门就业岗位减少

8.5 万个, 失业率高达 10.2%。而经过再工业化战略的实施, 美国经济复苏, 2014 年全年, 美国经济增长 2.4%, 创四年来最大增幅, 2013 年为增长 2.2%。2016 年失业率已经降到 5%, 基本恢复到金融危机前的水平。

然而, 如图 7-3 所示, 自 2008 年之后实行的再工业化并没有改变其工业占比下降的趋势。不难看出, 服务业所占比重依旧平稳上升, 且与工业所占比重差距越来越大。

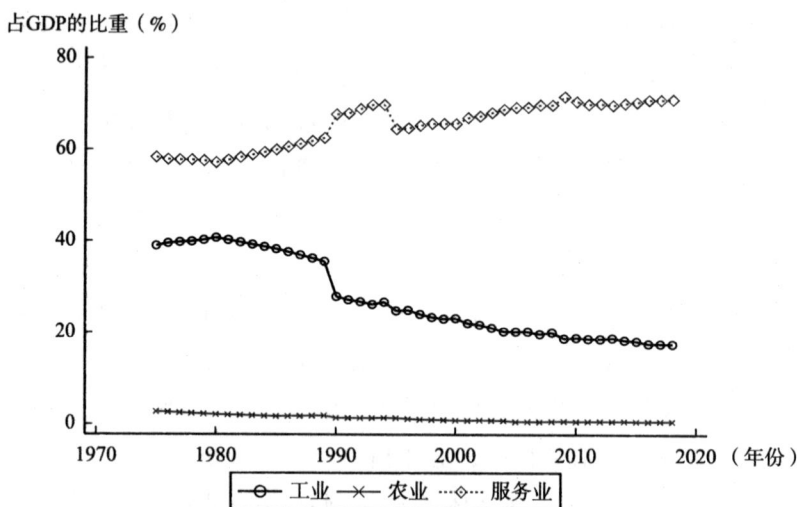

图 7-3 1975~2017 年美国产业结构变迁

数据来源: WIND 数据库。

第二节 日本房地产泡沫形成、破灭 与全球价值链升级

日本是东方国家中唯一在第一次世界大战前取得工业化成功的国家, 与其他主要发达国家相比, 日本的实体经济发展具有特殊性。首先, 日本工业化起步晚, 但在极短的时间内完成了工业化; 其次, 两

次世界大战后日本基本沦为一片废墟，但是日本在短时间内经济迅速恢复并且成为工业大国，并在世界范围内占有一席之地；最后，日本是较早出现产业空心化、经济虚拟化引发经济大繁荣和大衰退的经济体，但是其通过反思回归实体经济，积极调整产业结构，继续发展成为工业大国和世界强国。

"二战"后，在非战争时期的国家直接经济管制背景下，日本主要发展以纺织业为主的劳动密集型的轻工业，随着人力成本和生产资料成本的不断上升，日本的轻工业优势不再，因此将产业转移至亚洲地区（亚洲四小龙得以发展），与此同时在美国的助力下，不断学习引进先进的美国技术，并进行快速创新和吸收，逐步实现由轻工业为主向以汽车、机械为主的重工业升级，并于20世纪70年代后期成为"世界工厂"。日本构建的以重化工业为核心的现代工业体系使得日本制造业的全球价值链前、后向参与率长期呈现稳中上升的趋势，并逐步占据全球价值链的中高端位置。这些产业与20世纪70年代之前的产业有所不同。20世纪70年代之前带来近20年高速成长的产业主要是资本密集型的"重厚长大"型产业，主要包括煤炭、钢铁、石油化工、造船和现代纺织产业等。随着劳动成本和资源成本的增加，这些产业也被叫作"夕阳产业"。相比之下，具有"轻薄短小"特征的汽车、家电、机械、半导体等组装加工业作为新兴的朝阳产业和新支柱产业，在能源危机后迅速崛起。不难发现，产业结构转型为80年代的日本经济再显活力奠定了坚实的基础。

一、泡沫形成过程中的全球价值链参与情况

日本房地产泡沫主要形成于20世纪80年代后期至90年代初期，日本在宽松的货币政策和积极的财政扩张的大背景下，几乎所有的大企业都不同程度地介入了房地产行业，大量的企业主抛弃了主业，转入房地产和金融行业，投机获取高额回报率。日本房地产市场经历了长达5年之余的暴涨（如图7-4所示），资产价格迅速上升。

（实际房价指数）

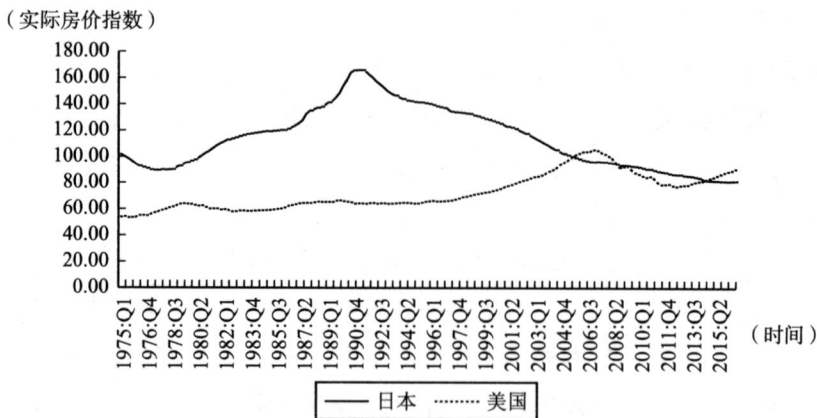

图 7 - 4　1975 ~ 2015 年日、美实际房价变动趋势

资料来源：国际清算银行，美国达拉斯联邦准备银行。

1990 年，仅日本东京都的土地价格就约等于当时美国全国的地价，日本国土面积虽小，仅相当于美国加利福尼亚州的面积，但其土地的总价值却为美国全国土地总价值的 4 倍之多。不仅如此，受美国 20 世纪 70 年代经济滞胀的影响，80 年代初期，贸易摩擦问题日益严重，美国对日贸易赤字严重，因此在 1985 年签订了著名的"广场协议"。"广场协议"的签订激发日元购买力，日元开始加速升值，日本产能严重过剩，日本经济面临经济下滑和通缩的压力。在日本经济内循环的背景下，政府降息放款扶持企业偿还银行贷款，此时由于国内工业不景气，银行只好继续投资房地产业，这使得日本的房地产业一枝独秀，经济出现泡沫，而相比之下日本的消费能力、农业和工业的生产能力大幅下降。

日本房地产泡沫形成过程中，日本经历了从产业调整期到产业结构转换期的转变，主导产业也由汽车和电器产业转变为半导体和计算机产业。引起这一轮产业结构调整的原因在于：一是随着日本在全球价值链产业垂直分工中发挥的影响和作用与日俱增，与欧美国家的贸易摩擦增加；二是由于日本国内的劳动力价格大幅上涨，直接导致的制造业成本上升；三是国内的消费动力不足，内需相对欠缺。这些原因都导致了日本的出口型制造业开始向海外转移。

自 20 世纪 80 年代开始，国内资产泡沫逐步累积，资本家和企业在狂热投资国内房地产业的同时也大举投资欧美和亚洲等国家和地区，制造业加速向国外转移，一方面带动了日本制造业生产的海外比率上升，国际化程度加深；另一方面，片面的海外投资使得日本国内出现了产业空心化问题。与制造业外逃不同，日本国内的金融业、房地产业、服务业和信息经济等产业出现较快增长，如表 7 - 3 所示，服务业和金融业就业人口在产业结构中所占比例均逐步增加。1985 年以后，"重厚长大"型产业从城市扩散到地方，再从日本扩散到亚洲地区。低附加值型产业如是。

表 7 - 3　　　日本 1980 年、1990 年服务业、金融业就业人口占比

年份	服务业就业人口（万）	服务业就业人口所占比例（%）	金融业就业人口（万）	金融业就业人口所占比例（%）
1980	1001	18.08	191	3.45
1990	1394	22.31	259	4.14

自 1986 年，日本政府开始采取扩张性财政政策，同时采用宽松性货币政策，中央银行连续 5 次下调利率，1985～1987 年 3 年间下降 50%，来刺激经济增长。然后日元升值导致国际资金流入日本，再加上超级宽松的货币政策，大量的资金开始流向股市和房地产领域。1987 年 10 月 19 日美国"黑色星期一"股市暴跌，日本为帮助美国缓解股灾，延长了宽松的时间，从而使更多的资金流入虚拟经济。日经指数由 1985 年的 12000 点持续上升，到 1989 年 12 月 19 日达到 38915 点，是 1985 年代的 3 倍多。[1] 当时日本的 GNP 超过美国、德国、法国和英国，成为世界第一。土地的价格更是不断攀升，1989 年日本国土

---

① 数据来源：揭密 1990 年日本大股灾房、地产泡沫真面目！华尔街见闻，2019 - 05 - 30，https：//baijiahao. baidu. com/s? id = 1634941213569550469&wfr = spider&for = pc。

交通厅公布的东京银座 5 丁目鸠居堂前土地价格达到 97 万美元，成为吉尼斯世界纪录的最高价格。随后日本政府在 1989～1991 年频繁收紧货币，一方面连续上调利率，另一方面收紧信贷政策，控制对房地产信贷总量，过猛的宏观政策导致了泡沫的迅速破灭。首先 1990 年 1 月 12 日，日本股市暴跌 70%，此后由于股票价格下降，信贷规模减少，银行、企业和证券公司出现大面积亏损，为了渡过难关，纷纷抛售房地产，导致房地产市场供过于求，房地产价格大幅度下降，同时日元贬值国际资金撤逃，进一步加剧了房地产价格的垮塌。自此日本经济进入了二十几年的衰退期。

二、泡沫破灭对实体经济的影响

1985～1991 年，经历了经济泡沫的形成和崩溃，日本经济仿佛坐了过山车，大起大落。"广场协议"的签订使得日本处于日元升值和内需不足的双重压力下，尽管在此期间，日本提出了先进的发展产业战略，但收效甚微。20 世纪 80 年代后期，大量的资本没有选择进入创新产业领域，而是大规模涌入股票、房地产等虚拟经济领域，因此引发了严重的泡沫经济。1989 年 5 月，日本央行通过连续三次提高贴现率减少国家的货币供给量以缓和泡沫经济，使其银行率从 2.5% 上升至 6%，一度达到海湾战争时期的水平。1989 年 12 月 31 日，日经指数达到 38915 点。但随后日本央行货币政策的突然收紧，直接刺破了股票市场的泡沫。1990 年 1 月 12 日，日本股市暴跌 70%，并陷入为期 20 年的股市低谷之中。1990 年 9 月，相关股票价格平均下降 44%，日经股票市场平均亏损 44%，几乎所有银行、企业、债券公司都出巨额的亏损。大小企业的破产导致大量抵押坏账不动产流入市场，房地产价格出现倒塌式下降。1991 年，日本巨大的房地产泡沫破裂并以东京为中心迅速蔓延，房屋空置率提高，房地产价格进一步下降。以股票和房地产市场为主的泡沫经济崩溃后，日本经济进入了长期的经济低迷时期。国际资本基于规避风险的心理，在观察到日元的套利空间日益缩小的同时，开始进行资本撤逃。1991 年 7 月，不良贷款大规模增加，大量银行出现信用危机纷纷倒闭。1992 年，"地价税"政策的出台使得大量囤积土地、房产的所有者纷纷抛售，从而进一步加速了日本经济的全面崩溃。

日本房地产和股票市场的繁荣和崩盘给实体经济带来了巨大的影响。如图 7 – 5 所示，日本在 1970～1990 年之间，工业增加值占 GDP 的比重一直处于下降趋势，随着泡沫的破灭，经济不仅没有恢复，工业占比下降速度反而更快，服务业占比则快速上升到接近 70%。

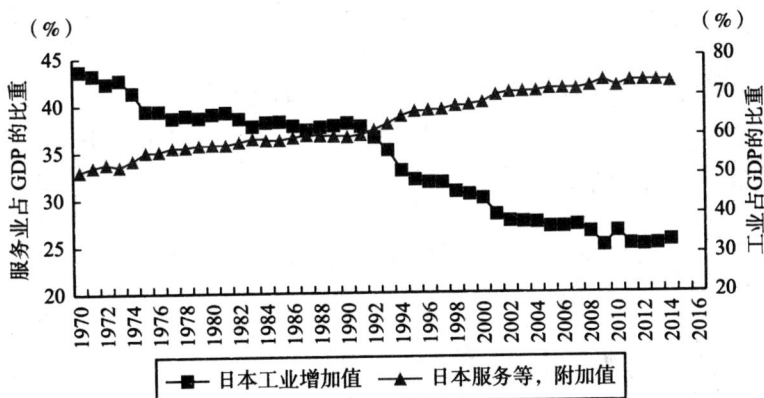

图 7 – 5　1970～2016 年日本经济结构变动图

1990 年，从银行贷款层面来看，日本生产性行业的贷款比重下降至 25%，相比之下，非生产行业的贷款比重却上升为 37%。这导致了房地产泡沫的进一步膨胀。如图 7 – 6 所示，日本 1992 年城市土地价格接近 1980 年的两倍。到 1990 年，制造业在国民经济中的比重不断下降到 26.8%，而金融房地产业等第三产业的比重不断扩大，达到 60.9%。随后随着经济泡沫的崩塌，经济出现停滞甚至负增长，实体经济也受到重创，1992 年末，制造业开工率就下降到了 1975 年以来的最低水平，制造业的比重继续下降，1994 年为 25.1%，而第三产业占比则进一步上升为 62.8%。土地价格和房地产价格也呈断崖式下跌。

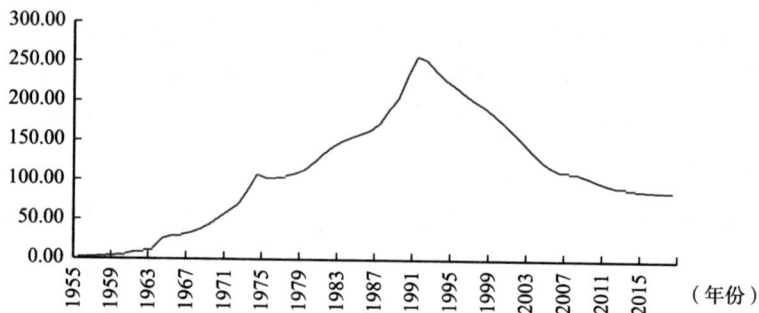

图 7－6　1955～2017 年日本城市土地价格指数

资料来源：WIND 数据库。

在股票市场也出现类似的情形。如图 7－7 所示，1989 年泡沫破灭之前，日本上市公司股票市场价值占 GDP 的比持续上升，最高达到接近 150％，但是短短几年内暴跌至接近 50％。随后进入二十多年的相对较低位置的波动。

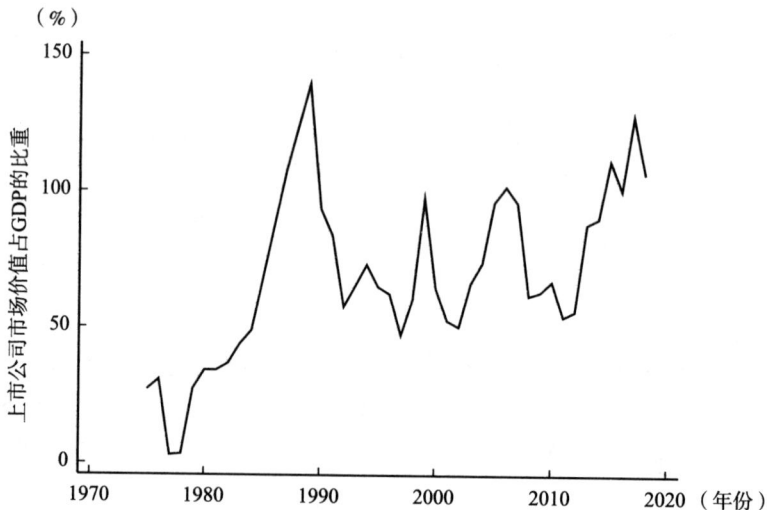

图 7－7　1975～2018 年日本上市公司股票市场价值占 GDP 的比重

资料来源：WIND 数据库。

日本政府结合国内房地产泡沫和国际环境的实际情况，提出优先发展比较优势产业的政策，以扩大内需，提高国民生活品质和福利为目标，优先发展需求潜力较大的产业生活服务业和娱乐业。同时对知识集约型的产业发展要求强调增强自主创新能力，提出在信息技术大发展的新形势下改造传统产业，发展信息产业和新材料技术。

三、泡沫破灭后的价值链参与情况

日本资产泡沫破裂后，国内经济陷入低迷时期，产业出现空心化，日本企业开始出现了去本土化趋势。随着日本将大量企业在海外落户，日本海外生产的生产比例和销售比例增长迅速。20 世纪 80 年代，日元的急剧升值也是日本制造业快速扩展到海外的重要原因之一。如表 7-4 所示，随着日本企业向海外发展，日本制造业的海外生产比率和海外利益率也随之提高。

表 7-4　2004 年日本 595 家具有海外业务的企业基地背景调查

	生产基地	销售基地	研究开发基地	海外经营单位
企业数量	4984	3946	310	10079

资料来源：丁敏：《日本产业结构研究》，世界知识出版社 2006 年版。

20 世纪 90 年代以来，日本进入经济全球化时期，奉行创造性知识密集型政策，将信息产业作为国家当前的主导产业。最初日本的海外生产基地主要集中在北美、亚洲东盟和新兴经济体地区；90 年代中期，日本快速增加在中国和东盟地区的生产基地，提高了亚洲地区在日本海外生产基地的地位。随着日本对亚洲投资的不断增加，日本产业与亚洲的产业分工更加密切，尤其是日本将企业的较多终端产品的生产地转移到东亚地区，极大地带动了相关产品的贸易增长，也使得日本与东亚地区的中间产品贸易扩大。因此，日本对亚洲地区的投资一方面一定程度上促进了亚太地区经济的快速增长与发展，另一方面也极大地转移了日本国内不断上升的劳动力成本，为日本国内新兴经济和新兴产业的发展提供空间，一定程度上推动了日本产业结构调整和经济模式的转变，也有利于促进日本产业升级和服务国际化，对日本制造业在全球价值链的位置起到了优化作用。但与此同时，日本大量的对外投资也一定程度上造成了日本国内产业的空心化问题，因此增加了日本和东亚地区的贸易摩擦，国际贸易往来更加频繁，国际关系更加复杂。

但总体来看，日本经济自20世纪90年代之后就进入长期低迷状态。在泡沫破灭之后，日本在经济全球化、信息化和服务化的环境变革中，依旧积极探索新思想、新技术，继续调整产业结构。90年代中期，日本曾经的优势产业——制造业开始走向衰落，但与IT技术相关的制造业始终保持稳中向好的发展趋势，产业IT化趋势明显，其所占比重在经济结构中增加愈发明显。1997年，制造业与IT业相关的生产额由18.6万亿日元（1985年）提高到25.7万亿日元，占制造业生产总额的19%。20世纪80年代，机械产业在日本制造业中占比巨大，90年代之后，机械产业中与IT相关的产业比重明显扩大，与此同时，信息产业（信息经济）的出现进一步提高了日本产业的IT化程度。但是在日本产业结构不断调整的过程中，日本的家电产业渐渐从朝阳产业走向夕阳产业，随着国内成本的提升和资源的匮乏，家电产业的生产不再具备优势，因此日本将国内不再具有竞争力的产业向外转移，为新兴产业准备发展空间和人力资源。汽车、半导体、机械产业在90年代后期也出现向其他国家和地区转移生产的趋势。但除家电产业，其他产业如汽车、半导体和机械产业等依旧还是日本的主导产业，其生产销售额在国内市场依旧占据较大份额，成为支撑日本GDP增长的主要动力。21世纪初，移动通信、生物、新材料等新兴的产业与传统产业一同构成了日本经济多元的支出产业格局。

1995年至今二十几年来，日本经济整体增长缓慢，一直处于通货紧缩中，被称为"失去的二十年"。从经济增长速度，日本国内产业结构分布以及生产率水平来看，日本经济的确没有从萧条中恢复。经济增长速度长期徘徊在2%以下，并且由于2008年美国金融危机的影响，出现了负增长，经济进一步萧条。然而这些并不是日本当前实体经济发展的全貌，日本有大量的企业从事海外生产，产生大量的收益。1990 年进行海外生产的企业占全部日本制造业企业的 40.3%，2012 年上升到 68.0%。[①] 另外，日本在经历了泡沫经济的崩溃后，开始剥离金融和房地产等虚拟经济，这 20 年日本的房地产实际价格水平处于下降的趋势。日本房地产泡沫破灭后，城市土地价格一直呈下降趋势。此外，在全球化背景下，日本培育自己的技术强项，着力发展实体经济中处于高附加值的高新技术产业，并且高度重视自然科学的研发，从 2000 年至今，日本共有 18 位科学家获得诺贝尔自然科学奖。在这背后，日本"科技创新"的国策落实得非常到位。泡沫破灭后，大多数年份上市公司股票的市场价值低于 GDP，但是 2015～2018 年高于 GDP，源于日本执行的超级量化宽松等刺激经济的政策。

痛定思痛后，日本选择了大力发展实体经济的道路，并且从国民生产总值[②]的角度看，日本布局在全球的经济总量是不可估量的，日本在技术话语权和全球产业链掌控力上正逐渐加强。2013 年 6 月，安倍内阁推出了《日本再兴战略》（2014 年 6 月修订），提出要以"日本产业再兴计划""市场创造计划""国际开拓战略"为三大支柱，重新激发日本经济活力。

第三节　本章小结

随着全球化的推进，国际分工加速了全球产业转移，各国实体经济的发展主要表现为两种情况，一种是以美国为代表，凭借本国货币在世界上的影响力，侧重发展金融房地产等虚拟经济，将制造类企业

---

① 赵儒煜、刘锦明、陈志恒：《中国产业竞争力报告》，吉林大学出版社 2008 年版，第 309 页。

② 国民生产总值核算的是具有一国国籍的居民创造的价值，基本国土限制，导致大量的跨国企业在海外生产，国内生产总值以地域为统计范围，低估了日本的经济总量。

转移到生产要素成本较低的国家和地区，而亚洲四小龙正是乘着这股东风发展起来的。另一种是以日本为代表，在国际分工过程中逐渐向工业价值链的顶端跃进，不脱离实体经济，而是侧重发展更高附加值的环节，如研发设计、核心零部件的制造等。无论是哪种模式，最终都是将低附加值的加工环节转移到发展中国家，导致社会整体资本有机构成的降低，其中美国模式降低得更加严重，形成严重的产业空心化。

美国、日本和中国等地区的制造业都正在追求高附加值型、知识密集型和可持续性的制造业升级，全世界的制造业都在进行着这种产业升级，只是不同国家发展实体经济，进行产业升级的道路不是唯一的。美国在机械装备制造业具有领先地位，日本在电子制造业具有领先地位。宏碁集团创办人施振荣提出了微笑曲线，按照价值链的分布，附加值最高的位于价值链的两端。当前各发达国家的实体经济主要向微笑曲线的两端发展，日本主要占据微笑曲线的左侧，也就是研发，而美国则侧重发展右侧也就是营销。在全球价值链体系下，美国顺利将"低端制造业"转移出国内，移到各新兴经济体，顺利实现了经济的虚拟化，这是导致美国产生金融危机的根本原因。当然美国能够从经济危机中恢复，一方面是在美元是世界货币的前提下依靠量化宽松政策来刺激经济，另一方面也是美国意识到了问题的所在，实施了"再工业化"的政策，但就目前美国实施的效果来看，回头草不好吃，"再工业化"难以实现。

中国改革开放以后，充分利用人口红利，通过廉价的人力成本承担了国际分工合作中的产品加工环节，本土产业以加工代工的模式加入全球价值链和全球生产销售网络，成为全球价值体系中的重要环节。其主要路径是进口中间产品，经过加工装配后进行再出口，中国的劳动密集型产业也因此快速发展，被誉为"世界工厂"。这种产业模式虽然一定程度上使得中国的本土企业可以参与国际分工，但是全球价值链国际分工遵循"微笑曲线"，曲线的两端为发达国家主导的跨国公司控制，商品附加值高；中间为发展中国家为主力的缺乏自主创新和研发能力的低附加值作业跨国公司，利润微薄，其发展路径长期被锁定在全球价值链的低端环节。随着时间的演进，中国制造业的前向、后向参与度提高，全面融入全球价值链，并且工序逐步延伸，尤其是农业、服务部门前向后向参与度上升。但总体位置处于下游，锁定在"价值链低端"。往往越处于价值链低端的环节对成本越敏感，部分一线城市的房地产价格持续上升导致部分制造业环节陆续转移到周边地区，甚至转移到其他国家。例如，上海市最开始的工业目前已经大部分转移到江浙地区，深圳的部分环节转移到东莞等城市。如果能够像深圳一样，将低端制造转移到周边地区，顺利完成转型升级是较好的结果。这样一方面完成城市层面的转型升级，另一方面带动周边地区的升级。不好的现象是，部分跨国公司在我们土地、人力和税收较便宜时进入中国，但是随着我们房地产泡沫的产生，土地成本上升，人力成本上升，这些公司逐渐将生产环节转移出中国，而我们并没有掌握核心技术，只能任人宰割，任其流失。对中国深圳的产业升级过程以及富士康公司在中国大陆的迁徙可以发现，在深圳经济发展快速增长时期，房地产泡沫与产业升级齐头并进，深圳是中国经济增长最快的城市，也是房价上涨最快的城市。其较高的房地产价格很大程度上源于经济的快速增长导致居民实际购买力的上升，也是源于深圳政府为吸引人才制定的各种人才政策。然而近年来，不断传出由于深圳人力成本较高、土地成本较高，企业转移到外地的新闻，华为也将一个大型的事业部转移到邻近的东莞。富士康进入大陆市场的第一站也是深圳，但是在其土地和人力成本稍微提高后，仅保留研发总部，开始了向内陆的迁移。这些都能在一定程度上验证上述影响机制。

第八章

结论与政策建议

第一节　研究结论与展望

一、研究结论

（1）科学界定房地产泡沫和产业升级是研究的起点。首先，房地产泡沫是指房价偏离人口和收入的长期趋势。房地产泡沫程度的大小不仅要考察房地产市场的情况，要看房价上涨幅度，还要兼顾经济基本面。经济基本面从长期来看不仅包括收入水平还要包括人口的变化。脱离经济基本面谈房地产泡沫是不可取的，仅考虑收入变化也是片面的。其次，产业升级的界定要立足于全球价值链视角。在全球产业垂直化分工的大背景下，每一个细分产业都可能实现全球生产网络的重新配置，实现产业升级的表现是出口产品更加具有国际竞争力，具体表现为出口技术含量的提高和出口国内增加值率的上升。

（2）全球面临普遍性的房地产价格波动。从房价和房价增长率的角度看，房地产价格确实存在波动性，相比普通商品波动的周期更长。房价的上涨时间往往比下跌的时间要长，因此大多数地区房价处于上涨区间，尤其是名义房地产价格大多数地区的大多数时间都处于上涨中。相比于 2010 年，2018 年全球 45 个主要经济体中有 12 个国家（地区）的实际房价出现了下降，而 2000～2018 年的平均实际房价增长率仅有 9 个国家（地区）出现下降，其他 36 个国家（地区）出现不同程度的房价上涨。剔除由人口和收入决定的长期影响因素后，房地产偏离经济基本面的程度在全球各国出现较大分化。

（3）地产泡沫的形成和发展不利于 GVC 下的产业升级。在没有房地产泡沫或者泡沫程度较小的情况下，房地产市场处于健康发展阶段，与经济整体产生良性循环，房地产价格的平稳提升可能会通过抵押贷款、稳定预期等推动企业创新从而提高 GVC 中的地位，实现产业升级。然而，房地产泡沫产生后会降低创新驱动力，挤出实体经济投资，导致经济脱实向虚。尤其在全球配置资源的前提下，资金等资源对利润和成本异常敏感，房地产泡沫的产生会吸引过多资金流向虚拟经济领域，同时抬高实体企业的生产成本，这双重挤压实体企业的生存空间，抑制产业升级的动力，降低企业生产的产品在国际社会中的竞争力，不利于 GVC 下的产业升级。实证效应检验的结果证实，房地产泡沫对出口技术含量和出口国内增加值率的影响产生抑制作用。房价上涨对产业升级的促进作用仅仅出现于房地产价格较低，房价增速缓慢和房价没有偏离经济本面的时期。只要房地产泡沫形成，随着房地产偏离经济基本面的程度提高，对全球价值链下产业升级的抑制作用将会加剧。

（4）房地产泡沫通过家庭和企业的行为进而影响产业升级。微观层面上，房地产泡沫产生可能会通过财富效应引致家庭间贫富差距加大，鉴于高收入阶层更多的消费进口商品，低收入阶层更多消费国内商品。贫富差距扩大在消费结构方面会抑制内需，扩大外需，不利于本地企业。高昂的房价也会影响劳动力的供给，作为重要的生活资料，房地产泡沫意味着生活成本的上升，劳动者要么离开高房价地区，要么要求更高的工资收入水平，这会增加企业的成本。对于企业而言。房地产泡沫产生后，房地产领域利润率高于实体经济领域，资本逐利导致资金向房地产领域聚集，实体企业可能会出现资金短缺和资金成本上升的压力。人力成本和资金成本的提升，会压缩企业的研发创新动力，企业可能会存在非实体化或转移到成本较低的地区的动力。所以房地产泡沫通过作用于微观经济行为主体，导致出口受阻，进口增加，企业创新驱动下降等结果，从而抑制了企业在 GVC 上地位的提升。

（5）房地产对 GVC 下产业升级的宏观机制包括规模效应、技术效应和结构效应。规模效应是指房地产泡沫会抑制出口规模进而降低了出口技术含量和出口国内增加值率。通过开放经济条件下的国民收入恒等式与资产市场的供求，将房地产泡沫与经常账户余额建立函数关系，发现房地产泡沫与经常账户余额存在此消彼长的关系。技术效应是指房地产泡沫抑制了创新水平的提高，阻碍了技术水平的提高，导致低端锁定现象更加严重，难以实现在全球价值链上的产业升级。承接微观分析中房地产泡沫对创新的影响，房地产泡沫通过影响研发投入、科技产出等作用于劳动生产率和全要素生产率，进而作用于产业升级。结构效应则承接微观机制中劳动者的跨产业转移、企业的跨产业和跨地区转移，都会引起一个国家或地区内部要素结构、产业结构、投入产出结构等的结构性变化。房地产泡沫导致资源过多流向房地产等虚拟经济领域，导致经济出现脱实向虚等结构性改变，进一步这种脱离实体经济的经济结构会影响全球价值链分工中的地位，阻碍出口技术含量和出口国内增加值率的提升。机制效应检验结果验证了这三种机制是存在的，房地产泡沫通过影响出口规模、技术水平和经济结构进一步抑制了经济体在全球价值链上的攀升。

（6）房地产泡沫短期内可能助推产业升级，但长期一定是不利的。通过对美国和日本近代史上几次房地产泡沫形成过程中、泡沫破灭后的实体经济发展情况和全球价值链参与情况进行考察。美国和日本正是趁着房地产和金融等资产泡沫形成过程，利用发展中国家和地区的自然资源和低廉的劳动成本将国内的钢铁、汽车、化工等诸多传统实体产业转移出去，将全球价值链条中高附加值生产环节保留下来。最大化发挥了发达国家的技术优势达到"高端锁定"主导了国际垂直化一体分工的生产营销模式。在这个过程中房地产泡沫对于美国和日本的全球价值链角度的产业升级存在重要的推动作用。但是这种作用是短期的，是正向的技术效应和规模效应起到了作用，在特定的国际经济环境中才会出现。长期来看则会导致经济的虚拟化和实体经济产业空心化，为下一次资产泡沫破灭埋下伏笔。

进一步对中国深圳的产业升级过程以及富士康公司在中国大陆的迁徙可以发现，在深圳经济发展快速增长时期，房地产泡沫与产业升级齐头并进，深圳是中国经济增长最快的城市，也是房价上涨最快的城市。其较高的房地产价格很大程度上源于经济的快速增长导致居民实际购买力的上升，也是由于深圳政府为吸引人才制定的各种人才政策。然而近年来，不断传出由于深圳人力成本较高、土地成本较高，企业转移到外地的新闻，华为也将一个大型的事业部转移到邻近的东莞。富士康进入大陆市场的第一站也是深圳，但是在其土地和人力成本稍微提高后，仅保留研发总部，开始了向内陆的迁移。这些都能在一定程度上验证上述影响机制。

二、未来展望

本研究分析的房地产对全球价值链下的产业升级机制是基于房地产泡沫对微观经济主体的行为为逻辑起点的，进一步将微观主体的行为归纳到宏观层面上的规模效应、技术效应和结构效应。在进行实证检验的时候，鉴于数据的可得性，仅对宏观层面上的总体效应和机制效应进行了检验，对个别企业和个别地区的影响，仅通过案例的形式体现。没有对家庭的行为和企业的行为进行机制效应检验。

原因在于：第一，技术上难以实现宏观变量的微观机制。本研究对产业升级的界定范围放在全球价值链视角，侧重于宏观层面行业和国家、地区层面的测度。若房地产泡沫和产业升级的数据均采用宏观数据，而微观经济主体的行为决策采用微观数据，将出现由于口径不一致等原因导致的技术性难题，实证结果可能也难以接受。第二，微观和宏观数据的计算方法不一致。目前已经有文献基于中国工业数据库和海关数据库集合，采取类似的理念计算出企业层面的出口技术含量和出口国内增加值率。但是企业的出口技术含量是基于出口技术复杂度计算的，与本研究采用的基于投入产出数据的出口技术含量不具有可比性。企业出口国内增加值率最新的计算过程已经开始通过考虑中间贸易商、剔除重复计算等方式更加接近现实。

未来研究组将继续探寻微观和宏观角度的对接方案。研究组也尝试进行对这两个数据库梳理并计算出企业层面的出口技术含量和出口国内增加值率。但是一方面中国工业企业数据库由于是规模以上工业数据的数据库，可能并不能完全代表中国企业在全球价值链上的升级情况；另一方面，按照当前方法计算的结果存在一定比例的反事实样本，比如出口国内增加值率大于1或者为负等情况。在以后的研究中研究组将继续探索微观和宏观层面的数据对接问题。

此外，本书在研究过程中侧重关注全球价值链下产业升级的结果，如果实现了产业升级那么将会出现出口技术含量的提升或出口产品中国内增加值率的上升。而没有考虑产业升级的原因，从而没有对全球价值链下的产业升级类型加以区分。这首先是由于本文为房地产泡沫对全球价值链视角下产业升级的影响机制领域的较早研究者，力图先从整体和宏观层面上探寻一般性的规律。其次本文的研究尤其是实证部分包括的国家发展程度和时间跨度比较大，各国的产业升级类型和产业升级的进程也存在较大的差距，难以统一进行分析。在本文的框架下，若展开分析的话可能会掩盖本文的主旨，因此仅对可能对中国有启发意义的美国、日本等国家和地区的情况进行了案例分析。

在未来的研究中，研究组将进一步关注具体经济体在全球价值链下产业升级的关键时期的影响因素，关注中国房地产市场发展过程中对部分地区产业集群升级的影响进行追踪调查，以获取更加翔实的资料和更加切实的产业升级路径。

第二节 政策建议

根据全书结论，我们认为需要从两方面着手遏制全球价值链视角下房地产泡沫对产业升级的负面影响。第一，消除房地产泡沫；第二，切断房地产泡沫抑制产业升级的路径。消除房地产泡沫就要从对房地产泡沫的界定出发，一是抑制房价的进一步上涨，二是提高决定房地产基本价值的经济基本面，那就是人口和居民收入。切断路径，就是要坚持实体经济的主体地位，促进技术创新，提高出口规模，利用国内国际双循环形成的新发展格局，打造优势，实现在全球价值链上的攀升。

一、坚持"房住不炒"原则，建立房地产市场的长效机制

切断房地产泡沫对产业升级负面影响的根治方法是不让房地产泡沫产生。但是当前各地房地产价格已经处于高位，大部分地区的房地产泡沫已经产生。鉴于房地产在抵押贷款中的重要作用，历史的经验证明，房地产泡沫刚性破灭对实体产业造成的损害更加严重，可能不仅仅是产业升级与否的问题，会出现大量的企业资金链断裂、倒闭的现象。这种情况下贸然刺破泡沫会导致经济的不稳定，甚至会引发经济危机，不利于社会稳定。但是不刺破不代表任其自然发展。2016 年底中央经济工作会议提出"房住不炒"，在随后几年里不断强调并贯彻执行"房住不炒"原则，这是遏制房地产泡沫继续扩大的根本。

首先，从思想上坚定"房住不炒"的原则。部分地区和个人，甚至部分学者还存在"房地产救市"的幻想。这是因为目睹了中国房价快速上涨的时期，经济也飞速发展。每当经济出现不景气或者面临下行压力的时候，总有部分专家学者呼吁放松对房地产市场的管制，让房地产来刺激经济增长。我们不能否定在特定的历史时期房地产在拉

动经济增长、提高人民生活水平等方面起到的重要作用，这些在房地产市场没有形成泡沫时是成立的。但是本研究的分析已经证明，继续用房地产作为刺激经济增长的手段，犹如饮鸩止渴，严重威胁经济的发展潜力。所以，上至中央、下至地方，无论专家学者、政府工作人员还是社会居民，都应该从意识上提升对于"房住不炒"原则的领悟。国家应该加强对这一思想的宣传，防止公众被房地产相关利益群体的各种广告洗脑，防止舆论由于信息不对称等原因被房地产供给方绑架。

其次，从行动上建立房地产市场稳定发展的长效机制。第一，国家和地方政府在制定政策时要从长远考量，避免朝令夕改，给予公众稳定的预期，这样才能实现稳地价、稳房价、稳预期"三稳"目标。部分地方房地产政策"一日游"等现象的产生，正是由于没有认清现实，没有从长远考虑如何制定房地产市场稳定发展的长效机制。第二，房地产市场的长效机制需要配合土地、财政、货币、社会保障、户籍制度等全方面制定。2021年6月4日，财政部发布通知，国有土地使用权出让收入等非税收入划转税务部门征收，这是改革中的重要一环。对于建立公开透明的土地财政账本，提升地方政府的基金预算管理能力，降低对土地财政的依赖程度，防范地方政府债务违约风险具有重要的意义。其他方面例如货币政策，需要采取结构化货币政策，并加强政策的执行力度和监督力度。目前已经分别从企业角度和消费者角度建立了多种结构化货币政策，但是在执行的过程中，存在监督不严或者一刀切的现象。一方面，要精准识别信贷流向实体经济领域还是虚拟经济流域，坚决打击挪用经营贷等资金进行房地产交易的行为。另一方面，要提高对消费者"住"和"炒"的识别能力，避免对首次购房和改善型住房等刚性需求造成压制。就如何解决刚性需求的问题，不仅仅是货币政策能够完成的，还需要配合财政税收政策、社会保障政策甚至各地的人才政策等。

二、全面放开计划生育政策，合理引导不同区域人口流动

人口是决定房地产需求的关键因素。房地产泡沫程度的大小，不仅取决于房地产价格的高低，还取决于收入和人口增长情况。

首先，建议全面放开计划生育政策，在全国范围内提高人口出生率。当然，不能说为了让房地产泡沫软着陆而放开计划生育政策，但是放松生育政策带来人口增加和改善型需求增加后，确实会挤掉部分房地产市场的泡沫。人口学家已经在呼吁放松计划生育政策，2021年5月31日国家宣布实施三孩政策。这是在综合考虑中国当前人口老龄化和劳动力结构等问题后作出的决定。但是，第七次人口普查数据显示，放开二孩政策并没有阻挡人口增长率下降的趋势，所以仅仅继续放开三孩的效果应该也是不理想的。建议全面放开计划生育政策，并且适当从社会保障等方面进行鼓励。这项政策的更重要意义在于为我国长期可持续发展提供人才储备。

其次，建议配合乡村振兴战略、城乡融合发展战略等合理引导不同区域人口流动，避免人口向大城市聚集。人口变动一方面来自自然增长的新生人口，在中国大统一并没有人口迁移限制的情况下，近年来更多地来自人口流动。国家卫健委的流动人口动态监测数据显示，人口流动的主要原因是务工经商，并且呈现出家庭搬迁的趋势。目前房价较高的北京、上海、广州等城市外来人口和新加入人口比例都非常高。相反，部分三四线城市则存在人口流失严重的问题，即使房价维持在不变的程度人口流失导致房地产泡沫问题凸显。所以，应该配合国家区域战略规划，合理控制大城市人口数量。引导人口流动的政策同时要配合乡村振兴战略、城乡融合发展战略，引导外来务工人员返乡就业、返乡创业。同样人口净流出的地区也要通过振兴产业，不同城市间公共服务均等化，提高城市的社区治理能力等来吸引人和留住人。

三、抑制资本要素分配比例，切实提高居民整体收入水平

收入水平是考察房地产泡沫时最重要的基本面。大多数房地产泡沫测度指标都将其纳入。在房地产价格刚性的情况下，通过提高居民收入水平，引导房地产泡沫软着陆，这是最理想的结果，也是我们最希望看到的结果。

要抑制资本要素在收入分配中的比重。中国经济改革开放四十年来，取得了举世瞩目的成就，居民的整体收入也有很大程度的提升，2020 年实现了全面脱贫。但是不可忽视的一个事实是，随着市场化程度的加深，生产领域资本有机构成提高，公众之间的财富积累不均，导致资本拥有者在收入分配中分得的比重增大，劳动收入占比下降。这些可以称为新型资本对劳动剩余价值的剥削，这导致了贫富差距扩大、阶层固化等社会问题。进一步随着社会整体购买力的下降，实体经济出于内卷状态，资本为了追逐更高的回报和收益，在虚拟经济领域空转，进一步也助推了房地产泡沫的产生。

改革开放之初，我们提出让一部人先富起来，先富带动后富，最终实现共同富裕。那么，现在就到了制定新的收入分配政策，实现共同富裕的阶段了。这就需要进行税收体制改革，形成藏富于民并有利于社会公平的税收体系。

四、坚持实体经济优先发展，激励创新投入促进成果转化

无论发达国家还是中国近年来都表现出，随着房地产泡沫的产生和扩大，经济会出现"脱实向虚"的现象。目前仍然存在部分人士认为所谓经济结构的高级化就是第一二产业占比降低，服务业占比提高。这是欧美发达国家呈现出来的显示规律，但是并不意味着这是一条正确的路。欧美在经济虚拟化的过程中，借助其国际地位和技术优势可以占据全球价值链中附加值比较高的环节，将增加值率比较低的制造

类环节转移出去，实现了产业升级。何况，美国等国家经济虚拟化的风险已经显现。中国作为后发国家，不具备这种优势，我们只能先嵌入全球价值链，然后再继续创新，这样才能实现在价值链上的攀升。如果过早地虚拟化，只会导致我们逐渐脱离全球生产网络，错失产业升级的机会。英国就是现实中的例子。更何况，作为超级大国的中国，不允许像韩国或者新加坡等一样，只注重发展某几类产业，具有比较优势即可。我们必须坚持实体经济优先发展的战略定位，让虚拟经济回归服务行业的从属地位。我们认为虚拟经济和实体经济的关系，并不是"两条腿"这样的对等关系，而是大脑和四肢的关系。所以只有实体经济优先的国家战略才能摆脱房地产泡沫的负面影响，才能发展实体经济。有了实体经济的发展，才有可能产生促进产业升级的技术创新。

进一步，既然房地产泡沫抑制了创新从而阻碍了产业升级。那么就需要通过财政补贴等方式鼓励创新。主要包括营造积极创新的氛围，创造容易创新的环境，增加对科技创新的奖励力度等方式。同时更重要的是，要注重创新成果的转化。中国一直以来存在创新成果的转化问题，主要原因在于很多科研不是面向市场的，不是企业基于市场前景进行的投入，而是政府驱动型的。所以一方面在评估项目的时候需要将市场前景考虑在内，一方面政府逐渐退出应用型创新的资助，回归支持基础研究，对科研创新采取事后评估。进一步推进科研面向市场，提高科研的市场化程度。

五、构建国家价值链循环体系，助推实现全球价值链攀升

我国具备完整的生产体系。如果完全对外开放，放到全球价值链上，在全球生产网络中与其他国家和地区进行竞争，可能并不完全具有优势。但是这并不意味着处于劣势地位的产业或环节就应该被放弃。我们应该摒弃以国界进行的比较优势分析，而是应该首先站在全国不同地区的角度上，利用大国优势，利用我国不同地区在土地、人力、

自然资源等方面的禀赋差异，对不同地区进行比较优势分析，首先形成国内大循环。通过国内大循环，形成更具深度和效率的垂直分工体系，降低内部低效率竞争，最终形成国家价值链。国家价值链的构建，才能保证中国经济的大船能够经得起大风大浪，平稳运行。进一步国家价值链上的每一个环节再通过外循环嵌入全球价值链上，这样才能集中主要资源占据核心地位，并且才能实现全球价值链上的攀升。

要想构建国家价值链需要在坚持实体经济发展的基础上，国家打破各地区间的地方保护主义，允许各类商品在全国各地的自由流通，畅通商品和要素的流动。各地企业根据自己的比较优势嵌入国家价值链中，地方政府在进行招商引资和产业政策指定时需要根据自己的比较优势进行，切忌盲目跟风学习。进一步在国家价值链的基础上，推进国际贸易合作。推进国际贸易合作的路有两条，一条是继续在欧美主导的国际贸易规则下，加深与当前各发达国家的联系与合作，另外一条则是积极推动"一带一路"建设，增加与沿线国家的贸易关系，用外循环来拉动内循环，实现国家产业链和价值链的整体产业升级。

参考文献

[1] 安苑、王珺：《财政行为波动影响产业结构升级了吗？——基于产业技术复杂度的考察》，载《管理世界》2012年第9期。

[2] 包宗华：《"中国房地产泡沫破裂论"为什么会"破裂"》，载《中国房地产》2005年第1期。

[3] 蔡昉、都阳、王美艳：《人口转变新阶段与人力资本形成特点》，载《中国人口科学》2001年第2期。

[4] 蔡海亚、徐盈之：《贸易开放是否影响了中国产业结构升级？》，载《数量经济技术经济研究》2017年第10期。

[5] 曹明福、李树民：《全球价值链分工的利益来源：比较优势、规模优势和价格倾斜优势》，载《中国工业经济》2005年第10期。

[6] 曾五一、李想：《中国房地产市场价格泡沫的检验与成因机理研究》，载《数量经济技术经济研究》2011年第1期。

[7] 昌忠泽：《房地产泡沫、金融危机与中国宏观经济政策的调整》，载《经济学家》2010年第7期。

[8] 陈斌开、金箫、欧阳涤非：《住房价格、资源错配与中国工业企业生产率》，载《世界经济》2015年第4期。

[9] 陈淮、周江：《完整准确把握当前房地产市场形势》，载《宏观经济研究》2004年第12期。

[10] 陈建：《日本经济数字地图》，科学出版社2010年版。

[11] 陈建军、胡晨光：《产业集聚的集聚效应——以长江三角洲次区域为例的理论和实证分析》，载《管理世界》2008年第6期。

[12] 陈龙：《中国房地产泡沫的历史及现状》，载《经济体制改革》2005年第2期。

[13] 陈明森、陈爱贞、张文刚:《升级预期、决策偏好与产业垂直升级——基于我国制造业上市公司实证分析》,载《中国工业经济》2012 年第 2 期。

[14] 陈彦斌、刘哲希:《推动资产价格上涨能够"稳增长"吗?——基于含有市场预期内生变化的 DSGE 模型》,载《经济研究》2017 年第 7 期。

[15] 陈羽、邝国良:《"产业升级"的理论内核及研究思路述评》,载《改革》2009 年第 10 期。

[16] 池仁勇、邵小芬、吴宝:《全球价值链治理、驱动力和创新理论探析》,载《外国经济与管理》2006 年第 3 期。

[17] 崔志坤、李菁菁:《财政分权、政府竞争与产业结构升级》,载《财政研究》2015 年第 12 期。

[18] 戴翔、金碚:《产品内分工、制度质量与出口技术复杂度》,载《经济研究》2014 年第 7 期。

[19] 单豪杰:《中国资本存量 K 的再估算:1952～2006 年》,载《数量经济技术经济研究》2008 年第 10 期。

[20] 杜宇玮、周长富:《锁定效应与中国代工产业升级——基于制造业分行业面板数据的经验研究》,载《财贸经济》2012 年第 12 期。

[21] 冯根福、石军、韩丹:《股票市场、融资模式与产业结构升级——基于中国 A 股市场的经验证据》,载《当代经济科学》2009 年第 3 期。

[22] 高翔、黄建忠、袁凯华:《价值链嵌入位置与出口国内增加值率》,载《数量经济技术经济研究》2019 年第 6 期。

[23] 顾云昌:《住房发展预测及其对经济增长的影响》,载《住宅科技》1998 年第 5 期。

[24] 韩红丽、刘晓君:《产业升级再解构:由三个角度观照》,载《改革》2011 年第 1 期。

[25] 郝凤霞、张璘:《低端锁定对全球价值链中本土产业升级的影响》,载《科研管理》2016 年第 S1 期。

[26] 黄飞鸣：《借贷投资和资产价格泡沫：理论与实证分析》，载《当代财经》2012年第3期。

[27] 黄飞鸣：《资产泡沫能消除经济动态无效吗——基于AMSZ准则扩展与中国数据的检验》，载《金融评论》2010年第5期。

[28] 黄建忠、袁凯华：《价值链嵌入位置与出口国内增加值率》，载《数量经济技术经济研究》2019年第6期。

[29] 黄正新：《金融泡沫：理论模型与测度指标解析》，载《数量经济技术经济研究》2001年第8期。

[30] 贾庆英、孔艳芳：《资产价格，经济杠杆与价格传递——基于国际PVAR模型的实证研究》，载《国际金融研究》2016年第1期。

[31] 姜春海：《中国房地产市场投机泡沫实证分析》，载《管理世界》2005年第12期。

[32] 姜泽华、白艳：《产业结构升级的内涵与影响因素分析》，载《当代经济研究》2006年第10期。

[33] 蒋含明、曾淑桂：《要素市场扭曲与中国制造业全球价值链攀升》，载《经济体制改革》2018年第6期。

[34] 蒋含明：《中国制造业全球价值链利益分配机制研究：契约不完全视角》，载《经济学动态》2019年第2期。

[35] 金京、戴翔、张二震：《全球要素分工背景下的中国产业转型升级》，载《中国工业经济》2013年第11期。

[36] 鞠方：《房地产泡沫研究：基于实体经济和虚拟经济的二元结构分析框架》，南开大学博士论文，2005年。

[37] 鞠方：《中国房地产泡沫的综合判断》，载《社会科学家》2007年第3期。

[38] 况伟大：《房地产投资、房地产信贷与中国经济增长》，载《经济理论与经济管理》2011年第1期。

[39] 况伟大：《中国住房市场存在泡沫吗？》，载《世界经济》2008年第12期。

[40] 李静：《初始人力资本匹配、垂直专业化与产业全球价值链

跃迁》，载《世界经济研究》2015 年第 1 期。

[41] 李磊、刘常青、徐长生：《劳动力技能提升对中国制造业升级的影响：结构升级还是创新升级?》，载《经济科学》2019 年第 4 期。

[42] 李培育：《落后地区产业升级战略中的需求分析》，载《管理世界》2003 年第 7 期。

[43] 李启明：《论中国房地产业与国民经济的关系》，载《中国房地产》2002 年第 6 期。

[44] 李强、郑江淮：《基于产品内分工的我国制造业价值链攀升：理论假设与实证分析》载《财贸经济》2013 年第 9 期。

[45] 李涛、伍建平：《房地产泡沫的成因、评枯与预控》，载《建筑经济》2004 年第 5 期。

[46] 李杨、黄艳希、谷玮：《全球价值链视角下的中国产业供需匹配与升级研究》，载《数量经济技术经济研究》2017 年第 4 期。

[47] 李杨：《中国劳动生产率增速持续减缓原因分析》，载《中国经济时报》2016 年 1 月 22 日。

[48] 梁云芳、高铁梅、贺书平：《房地产市场与国民经济协调发展的实证分析》，载《中国社会科学》2006 年第 3 期。

[49] 林毅夫：《东南亚金融危机值得推敲斟酌的几点经验教训》，载《经济学消息报》1998 年 5 月 8 日。

[50] 林毅夫、李永军：《比较优势、竞争优势与发展中国家的经济发展》，载《管理世界》2003 年第 7 期。

[51] 刘斌、王杰、魏倩：《对外直接投资与价值链参与：分工地位与升级模式》，载《数量经济技术经济研究》2015 年第 12 期。

[52] 刘斌、王乃嘉：《房价上涨挤压了我国企业的出口能量吗?》，载《财经研究》2016 年第 5 期。

[53] 刘兵、费宇：《房地产过热对沿海制造业的影响分析——基于 VAR 模型的实证研究》，载《中国集体经济》2012 年第 7 期。

[54] 刘昌黎：《现代日本经济概论》，东北财经大学出版社 2008 年版。

［55］刘程、王仁曾：《房价上涨会抑制地区产业结构升级吗?》，载《产业经济研究》2019 年第 2 期。

［56］刘骏民、王千：《从虚拟经济的角度重构国际经济理论——当代国际经济关系的新发展对中国的启示》，载《中国工业经济》2005 年第 11 期。

［57］刘骏民、刘晓欣：《经济增长理论创新及其对中国经济的实践意义——兼论如何重开中国经济高增长之门》，载《政治经济学评论》2016 年第 6 期。

［58］刘骏民、伍超明：《虚拟经济与实体经济关系模型——对我国当前股市与实体经济关系的一种解释》载《经济研究》2004 年第 4 期。

［59］刘生龙、胡鞍钢：《基础设施的外部性在中国的检验：1988—2007》，载《经济研究》2010 年第 3 期。

［60］刘宪：《资产泡沫与经济增长关系研究进展》，载《经济学动态》2008 年第 7 期。

［61］刘晓欣、贾庆英：《房地产业价格变动对物价的影响——国际比较及启示》，载《现代财经（天津财经大学学报）》2014 年第 8 期。

［62］刘新争：《比较优势、劳动力流动与产业转移》，载《经济学家》2012 年第 2 期。

［63］刘哲希、李子昂：《结构性去杠杆进程中居民部门可以加杠杆吗》，载《中国工业经济》2018 年第 10 期。

［64］刘志彪、刘晓昶：《垂直专业化：经济全球化中的贸易和生产模式》，载《经济理论与经济管理》2001 年第 10 期。

［65］刘志彪、张杰：《全球代工体系下发展中国家俘获型网络的形成、突破与对策——基于 GVC 与 NVC 的比较视角》，载《中国工业经济》2007 年第 5 期。

［66］刘志伟：《城市房价、劳动力流动与第三产业发展——基于全国性面板数据的实证分析》，载《经济问题》2013 年第 8 期。

［67］卢锋：《产品内分工》，载《经济学（季刊）》2004 年第 4 期。

［68］卢福财、胡平波：《全球价值网络下中国企业低端锁定的博

弈分析》，载《中国工业经济》2008 年第 10 期。

[69] 罗时空、周亚虹：《房价影响企业投资吗：理论与实证》，载《财经研究》2013 年第 8 期。

[70] 罗伟、葛顺奇：《跨国公司进入与中国的自主研发：来自制造业企业的证据》，载《世界经济》2015 年第 12 期。

[71] 罗伟、吕越：《外商直接投资对中国参与全球价值链分工的影响》，载《世界经济》2019 年第 5 期。

[72] 罗知、张川川：《信贷扩张、房地产投资与制造业部门的资源配置效率》，载《金融研究》2015 年第 7 期。

[73] 吕江林：《我国城市住房市场泡沫水平的度量》，载《经济研究》2010 年第 6 期。

[74] 吕炜、刘晨晖：《财政支出、土地财政与房地产投机泡沫——基于省际面板数据的测算与实证》，载《财贸经济》2012 年第 12 期。

[75] 吕越、陈帅、盛斌：《嵌入全球价值链会导致中国制造的"低端锁定"吗？》，载《管理世界》2018 年第 8 期。

[76] 吕越、罗伟、刘斌：《融资约束与制造业的全球价值链跃升》，载《金融研究》2016 年第 6 期。

[77] 马云俊：《产业转移、全球价值链与产业升级研究》，载《技术经济与管理研究》2010 年第 4 期。

[78] 毛丰付、王建生、毛璐琪：《房价水平对区域工业结构调整的影响：促进还是抑制——全国 36 个大中城市样本的实证检验》，载《现代财经》（天津财经大学学报）2016 年第 6 期。

[79] 毛海欧、刘海云：《中国 OFDI 如何影响出口技术含量——基于世界投入产出数据的研究》，载《数量经济技术经济研究》2018 年第 7 期。

[80] 毛军、刘建民：《财税政策下的产业结构升级非线性效应研究》，载《产业经济研究》2014 年第 6 期。

[81] 毛其淋、盛斌：《对外经济开放，区域市场整合与全要素生产率》，载《经济学（季刊）》2011 年第 1 期。

[82] 毛蕴诗、郑奇志：《基于微笑曲线的企业升级路径选择模型——理论框架的构建与案例研究》，载《中山大学学报》（社会科学版）2012 年第 3 期。

[83] 聂辉华、贾瑞雪：《中国制造业企业生产率与资源误置》，载《世界经济》2011 年第 7 期。

[84] 聂聆、李三妹：《制造业全球价值链利益分配与中国的竞争力研究》，载《国际贸易问题》2014 年第 12 期。

[85] 牛凤瑞等：《中国房地产发展报告（No.2）》，社会科学文献出版社 2005 年版。

[86] 潘悦：《在全球化产业链条中加速升级换代——我国加工贸易的产业升级状况分析》，载《中国工业经济》2002 年第 6 期。

[87] 彭冬冬、杜运苏：《中间品贸易自由化，融资约束与贸易方式转型》，载《国际贸易问题》2016 年第 12 期。

[88] 彭绍仲：《全球商品链的内在动力机制与外部结构均衡》，载《中国工业经济》2006 年第 1 期。

[89] 彭向、蒋传海：《产业集聚、知识溢出与地区创新——基于中国工业行业的实证检验》，载《经济学（季刊）》2011 年第 3 期。

[90] 彭俞超、黄娴静、沈吉：《房地产投资与金融效率——金融资源"脱实向虚"的地区差异》，载《金融研究》2018 年第 8 期。

[91] 乔小勇、王耕、李泽怡：《全球价值链国内外研究回顾——基于 SCI/SSCI/CSSCI 文献的分析》，载《亚太经济》2017 年第 1 期。

[92] 荣昭、王文春：《房价上涨和企业进入房地产——基于我国非房地产上市公司数据的研究》，载《金融研究》2014 年第 4 期。

[93] 邵传林：《住房价格是否阻碍了地区创新——基于中国 285 个地级市的空间计量研究》，载《现代财经》2018 年第 8 期。

[94] 邵挺、范剑勇：《房价水平与制造业的区位分布——基于长三角的实证研究》，载《中国工业经济》2010 年第 10 期。

[95] 沈国兵、于欢：《中国企业参与垂直分工会促进其技术创新吗?》，载《数量经济技术经济研究》2017 年第 12 期。

［96］盛斌、廖明中：《中国的贸易流量与出口潜力：引力模型的研究》，载《世界经济》2004 年第 2 期。

［97］石勇：《中国装备制造业：基础技术是短板》，载《经济导刊》2015 年第 6 期。

［98］史永东、杜两省：《资产定价泡沫对经济的影响》，载《经济研究》2001 年第 10 期。

［99］宋凌云、王贤彬：《政府补贴与产业结构变动》，载《中国工业经济》2013 年第 4 期。

［100］苏杭、郑磊、牟逸飞：《要素禀赋与中国制造业产业升级——基于 WIOD 和中国工业企业数据库的分析》，载《管理世界》2017 年第 4 期。

［101］苏莉：《浅议房地产业泡沫与金融风险》，载《管理科学文摘》2005 年第 1 期。

［102］孙刚：《论金融发展与经济增长的联系——以美国工业化时期为背景的比较研究》，载《财经问题研究》2003 年第 11 期。

［103］孙文远：《产品内价值链分工视角下的产业升级》，载《管理世界》2006 年第 10 期。

［104］覃成林、熊雪如：《我国制造业产业转移动态演变及特征分析——基于相对净流量指标的测度》，载《产业经济研究》2013 年第 1 期。

［105］谭锐、赵祥、黄亮雄：《高房价下的制造业转移：城市间还是城市内?》，载《经济学报》2005 年第 2 期。

［106］谭政勋、陈铭：《房价波动与金融危机的国际经验证据：抵押效应还是偏离效应》，载《世界经济》2012 年第 1 期。

［107］唐晓云：《产业升级研究综述》，载《科技进步与对策》2012 年第 4 期。

［108］田巍、余淼杰：《中间品贸易自由化和企业研发：基于中国数据的经验分析》，载《世界经济》2014 年第 6 期。

［109］佟家栋、刘竹青：《房价上涨、建筑业扩张与中国制造业的

用工问题》，载《经济研究》2018 年第 7 期。

[110] 汪斌、侯茂章：《经济全球化条件下的全球价值链理论研究》，载《国际贸易问题》2007 年第 3 期。

[111] 汪建成、毛蕴诗、邱楠：《由 OEM 到 ODM 再到 OBM 的自主创新与国际化路径——格兰仕技术能力构建与企业升级案例研究》，载《管理世界》2008 年第 6 期。

[112] 汪伟、刘玉飞、彭冬冬：《人口老龄化的产业结构升级效应研究》，载《中国工业经济》2015 年第 11 期。

[113] 汪小勤、汪红梅：《人口红利"效应与中国经济增长》，载《经济学家》2007 年第 1 期。

[114] 王国刚：《房地产争论亚待座清的六大问题》，载《中国证券报》2005 年 2 月 16 日。

[115] 王国军、刘水杏：《房地产业对相关产业的带动效应研究》，载《经济研究》2004 年第 8 期。

[116] 王立勇、高玉胭：《财政分权与产业结构升级——来自"省直管县"准自然实验的经验证据》，载《财贸经济》2018 年第 11 期。

[117] 王思语、郑乐凯：《全球价值链嵌入特征对出口技术复杂度差异化的影响》，载《数量经济技术经济研究》2019 年第 5 期。

[118] 王文春、荣昭：《房价上涨对工业企业创新的抑制影响研究》，载《经济学》2014 年第 2 期。

[119] 王文群：《我国两次调控房地产市场的金融政策比较分析》，载《江西财经大学学报》2003 年第 6 期。

[120] 王小广：《房地产业不能再非理性繁荣》，载《睬望》2004 年第 5 期。

[121] 王永钦、高鑫、袁志刚、杜巨澜：《金融发展、资产泡沫与实体经济：一个文献综述》，载《金融研究》2016 第 5 期。

[122] 王振国、张亚斌、单敬、黄跃：《中国嵌入全球价值链位置及变动研究》，载《数量经济技术经济研究》2019 年第 10 期。

[123] 王忠郴：《城市房地产价格的贴近度推测方法》，载《江西

财经大学学报》2001 年第 2 期。

[124] 王子明：《泡沫与泡沫经济：非均衡分析》，北京大学出版社 2002 年版。

[125] 魏龙、王磊：《全球价值链体系下中国制造业转型升级分析》，载《数量经济技术经济研究》2017 年第 6 期。

[126] 魏玮、陈杰：《加杠杆是否一定会成为房价上涨的助推器？——来自省际面板门槛模型的证据》，载《金融研究》2017 年第 12 期。

[127] 温忠麟、张雷、侯杰泰：《中介效应检验程序及其应用》，载《心理学报》2004 年第 5 期。

[128] 吴崇伯：《论东盟国家的产业升级》，载《亚太经济》1988 年第 1 期。

[129] 吴海民：《资产价格波动、通货膨胀与产业"空心化"——基于我国沿海地区民营工业面板数据的实证研究》，载《中国工业经济》2012 年第 1 期。

[130] 吴晓瑜、王敏、李力行：《中国的高房价是否阻碍了创业？》，载《经济研究》2014 年第 9 期。

[131] 吴有必：《米歇尔·波特的"国家竞争优势论"评价》，载《经济学动态》1994 年第 10 期。

[132] 伍志文、鞠方：《通货紧缩、资产膨胀与货币政策》，载《管理世界》2003 年第 11 期。

[133] ［美］西蒙·库兹涅茨：《各国的经济增长》，常勋，商务印书馆 1999 年版。

[134] 席艳玲、吉生保、王小艳：《要素相对价格对产业结构调整的倒逼效应分析——基于省际动态面板数据的系统 GMM 估计》，载《财贸研究》2013 年第 5 期。

[135] 谢国忠：《上海房地产可能步受谷后尘》，载《中国经营报》2005 年 2 月 2 日。

[136] 谢国忠：《中国资产泡沫的问题分析》，载《国际金融研

究》2010 年第 1 期。

[137] 谢建国、周露昭：《进口贸易、吸收能力与国际 R&D 技术溢出：中国省区面板数据的研究》，载《世界经济》2009 年第 9 期。

[138] 谢经荣：《地产泡沫与金融危机》，经济管理出版社 2002 年版。

[139] 徐晶：《房价上涨与经济增长的退耦分析》，载《管理世界》2013 年第 9 期。

[140] 徐维祥、朱恒福：《外商群体投资（FGI）、外向配套与地方经济发展——以浙江省为例》，载《经济地理》2010 年第 4 期。

[141] 许家云、张巍：《房价、要素市场扭曲与工业结构升级》，载《财贸研究》2020 年第 11 期。

[142] 薛白：《资产泡沫与经济增长：基于信用扩张的内生增长模型》，载《金融评论》2014 年第 6 期。

[143] 杨帆、李宏谨、李勇：《泡沫经济理论与中国房地产市场》，载《管理世界》2005 年第 6 期。

[144] 杨蕙馨：《中国企业的进入退出——1985—2000 年汽车与电冰箱产业的案例研究》，载《中国工业经济》2004 年第 3 期。

[145] 杨天宇、张蕾：《中国制造业企业进入和退出行为的影响因素分析》，载《管理世界》2009 年第 6 期。

[146] 杨玉珍、文林峰：《抑制房价过快上涨宏观调控政策实施效果评价及建议》，载《管理世界》2005 年第 6 期。

[147] 易纲、林明：《理解中国经济增长》，载《中国社会科学》2003 年第 2 期。

[148] 易宪容：《中国房地产市场泡沫存在与否之争》，载《河南金融管理干部学院学报》2005 年第 2 期。

[149] 易宪容：《谨防房地产业要挟整个中国经济》，载《广东建设信息》2004 第 11 期。

[150] 余静文、谭静、蔡晓慧：《高房价对行业全要素生产率的影响——来自中国工业企业数据库的微观证据》，载《经济评论》2017 年第 6 期。

［151］余泳泽、李启航：《城市房价与全要素生产率："挤出效应"与"筛选效应"》，载《财贸经济》2019 年第 1 期。

［152］袁冬梅、魏后凯：《对外开放促进产业集聚的机理及效应研究——基于中国的理论分析与实证检验》，载《财贸经济》2011 年第 12 期。

［153］袁航、朱承亮：《国家高新区推动了中国产业结构转型升级吗》，载《中国工业经济》2018 年第 8 期。

［154］袁志刚、樊潇彦：《房地产市场理性泡沫分析》，载《经济研究》2003 年第 3 期。

［155］原鹏飞、冯蕾：《经济增长、收入分配与贫富分化——基于 DCGE 模型的房地产价格上涨效应研究》，载《经济研究》2014 年第 9 期。

［156］张二震、张雨、戴翔：《全球价值链下利益分配的公平性影响增长绩效吗?》，载《广东社会科学》2020 年第 6 期。

［157］张二震：《全球化、要素分工与中国的战略》，载《经济界》2005 年第 5 期。

［158］张辉、闫强明、黄昊：《国际视野下中国结构转型的问题、影响与应对》，载《中国工业经济》2019 年第 6 期。

［159］张辉：《全球价值链理论与我国产业发展研究》，载《中国工业经济》2004 年第 5 期。

［160］张会清、唐海燕：《人民币升值，企业行为与出口贸易——基于大样本企业数据的实证研究：2005～2009》，载《管理世界》2012 年第 12 期。

［161］张杰、陈志远、刘元春：《中国出口国内附加值的测算与变化机制》，载《经济研究》2013 年第 10 期。

［162］张杰、杨连星、新夫：《房地产阻碍了中国创新么？——基于金融体系贷款期限结构的解释》，载《管理世界》2016 年第 5 期。

［163］张金昌：《波特的国家竞争优势理论剖析》，载《中国工业经济》2001 年第 9 期。

［164］张其仔：《比较优势的演化与中国产业升级路径的选择》，载《中国工业经济》2008年第9期。

［165］张权：《公共支出效率促进产业结构升级的实现机制与经验辨识》，载《财贸经济》2018年第5期。

［166］张少军、刘志彪：《国际贸易与内资企业的产业升级——来自全球价值链的组织和治理力量》，载《财贸经济》2013年第2期。

［167］张少军、刘志彪：《全球价值链模式的产业转移——动力、影响与对中国产业升级和区域协调发展的启示》，载《中国工业经济》2009年第11期。

［168］张巍、许家云、杨竺松：《房价，工资与资源配置效率——基于微观家庭数据的实证分析》，载《金融研究》2018年第8期。

［169］张向阳、朱有为：《基于全球价值链视角的产业升级研究》，载《外国经济与管理》2005年第5期。

［170］张小蒂、孙景蔚：《基于垂直专业化分工的中国产业国际竞争力分析》，载《世界经济》2006年第5期。

［171］张延群：《24个大中城市人均住房面积及房价相对泡沫估算》，载《西部论坛》2015年第1期。

［172］张耀辉：《产业创新：新经济下的产业升级模式》，载《数量经济技术经济研究》2002年第1期。

［173］张雨、戴翔、张二震：《要素分工下贸易保护效应与中美贸易摩擦的长期应对》，载《南京社会科学》2020年第3期。

［174］张媛媛、夏明：《房价对中国制造业研发投入的影响——基于上市公司数据》，载《中国科技论坛》2020年第11期。

［175］张云、刘骏民：《房地产市场功能与低收入群体住房问题解决途径探析》，载《理论学刊》2008年第9期。

［176］章潇萌、杨宇菲：《对外开放与我国产业结构转型的新路径》，载《管理世界》2016年第3期。

［177］赵晓斐：《数字贸易壁垒与全球价值链分工》，对外经济贸易大学博士论文，2020年。

［178］赵云鹏、叶娇：《对外直接投资对中国产业结构影响研究.数量经济技术》，载《经济研究》2018 年第 3 期。

［179］周建军、鞠方：《房地产泡沫的二元结构分析框架——基于实体经济和虚拟经济二分法的思考》，载《当代财经》2008 年第 5 期。

［180］周建军：《游资冲击与房地产泡沫》，南开大学博士论文，2006 年。

［181］周京奎：《房地产投机理论与实证研究》，载《当代财经》2004 年第 1 期。

［182］周浪、刘志迎：《全球价值链下中国纺织服装业的升级模式研究》，载《重庆与世界》2011 年第 1 期。

［183］祝坤福、陈锡康、杨翠红：《中国出口的国内增加值及其影响因素分析》，载《国际经济评论》2013 年第 4 期。

［184］Abraham, J. M. , and Hendershott, P. H. , Bubbles in Metropolitan Housing Markets. *Journal of Housing Research*, Vol. 7, No. 2, January 1996, pp. 191 – 207.

［185］Abreu, D. , and Brunnermeier, M. K. , Bubbles and Crashes. *Econometrica*, Vol. 71, No. 1, January 2003, pp. 173 – 204.

［186］Aghion, P. , Bloom, N. , Griffith, R. , et al. , Competition and Innovation：An Inverted U Relationship. *Quarterly Journal of Economics*, Vol. 120, No. 2, May 2005, pp. 701 – 728.

［187］Aghion, P. , Blundell, R. , Griffith R. , et al. , The Effects of Entry on Incumbent Innovation and Productivity. *The Review of Economics and Statistics*, Vol. 91, No. 1, February 2009, pp. 20 – 32.

［188］Allen, F. , Morris, S. , and Postlewaite, A. , Finite Bubbles with Short Sale Constraints and Asymmetric Information. *Journal of Economic Theory*, Vol. 61, No. 2, 1993, pp. 206 – 229.

［189］Allen, F. , and Gale, D. Bubbles and Crises. *The Economic Journal*, Vol. 110, No. 460, January 2000, pp. 236 – 255.

［190］Allen, F. , and Gorton, G. Rational Finite Bubbles. NBER

Working Paper, No. 3707, 1991.

[191] Ando, A., and Modigliani, F., The "Life Cycle" Hypothesis of Saving: Aggregate Implications and Tests. *The American Economic Review*, Vol. 53, No. 1, March 1963, pp. 55 – 84.

[192] Antràs, P., Chor, D., Fally, T., et al., Measuring the Upstreamness of Production and Trade Flows. *The American Economic Review*, Vol. 102, No. 3, May 2012, 102 (3), pp. 412 – 416.

[193] Henderson J., Appelbaum R. P., Ho S. Y., Azmeh S., Nadvi K., 'Greater Chinese' Global Production Networks in the Middle East: The Rise of the Jordanian Garment Industry, *Development and Change*, *International Institute of Social Studies*, Vol. 44 (6), November 2013, pp. 1317 – 1340.

[194] Baik K. H., Jung H. M., Contests with Multiple Alternative Prizes: Public – Good/Bad Prizes and Externalities. *Journal of Mathematical Economics*, Vol. 92, January 2021, pp. 103 – 116.

[195] Bair, J., and Gereffi, G., Local Clusters in Global Chains: The Causes and Consequences of Export Dynamism in Torreon's Blue Jeans Industry. *World Development*, Vol. 29, No. 11, November 2001, pp. 1885 – 1903.

[196] Baldwin, R., and Lopez – Gonzalez, J. Supply – Chain Trade: A Portrait of Global Patterns and Several Testable Hypotheses. *The World Economy*, Vol. 38, No. 11, November 2015, pp. 1682 – 1721.

[197] Barro, R. J., The loan market, collateral, and rates of interest. *Journal of Money Credit and Banking*, Vol. 8, No. 4, November 1976, pp. 439 – 456.

[198] Basco, S., *Housing Bubbles: Origins and Consequences*. West Berlin and Heidelberg: Springer International Publishing, 2018.

[199] Basco, S., Globalization and Financial Development: A Model of the Dot – Com and the Housing Bubbles. *Journal of International Eco-*

nomics, Vol. 92, No. 1, January 2014, pp. 78 – 94.

[200] Baye M R, Dan K. , Contests with Rank-order Spillovers. *Economic Theory*, Vol. 51, No. 2, August 2012, pp. 315 – 350.

[201] Bergstrand, J. H. , and Egger, P. , A Knowledge-and – Physical – Capital Model of International Trade Flows, Foreign Direct Investment, and Multinational Enterprises. *Journal of International Economics*, Vol. 73, No. 2, November 2007, pp. 278 – 308.

[202] Bernheim, B. D. , and Rangel, A. , Toward Choice – Theoretic Foundations for Behavioral Welfare Economics. *American Economic Review*, Vol. 97, No. 2, May 2007, pp. 464 – 470.

[203] Bernheim, B. D. , Rangel A. , Addiction and Cue – Triggered Decision Processes. *American Economic Review*, Vol. 94, No. 5, December 2004, pp. 1558 – 1590.

[204] Black, Jane. , de Meza, D. , and Jeffreys, D. , House Price, the Supply of Collateral and the Enterprise Economy. *The Economic Journal*, Vol. 106, No. 434, January 1996, pp. 60 – 75.

[205] Blanchard, O. J. , and Watson, M. W. , Bubbles, Rational Expectations & Financial Market. NBER Working Paper, No. 945, 1982.

[206] Blanchard, O. , and Fischer, S. , *Lecture on Macroeconomics*, Cambridge: MIT Press, 1989.

[207] Blanchard, O. , Debt, Deficits, & Finite Horizons. *Journal of Political Economy*, Vol. 93, No. 2, April 1985, pp. 223 – 247.

[208] Brakman, S. , Garretsen, H. , and Schramm, M. , New Economic Geography in Germany: Testing the Helpman – Hanson Model. Discussion Paper Series. Hamburg Institute of International Economics, No. 26183, 2002.

[209] Campbell, J. and Kyle, A. S. , Smart Money, Noise Trading, & Stock Price Behavior. NBER Technical Working Paper, No. 71, 1988.

[210] Case, K. E. , Quigley, J. M. , and Shiller, R. J. , Compa-

ring Wealth Effects: The Stock Market Versus the Housing Market. *Advances in Macroeconomics*, Vol. 5, No. 5, May 2005, pp. 1235 – 1235.

[211] Case K. E. and Shiller R. J. , The Efficiency of the Market for Single – Family Homes. *America Economic Review*, Vol. 79, No. 1, March 1989, pp. 125 – 137.

[212] Chakraborty I. , Goldstein I. , and Mackinlay, A. , Housing Price Booms and Crowding – Out Effects in Bank Lending. *Review of Financial Studies*, Vol. 31, No. 7, July 2018, pp. 2806 – 2853.

[213] Chan K. , Jegadeesh N. , Louis K. C. Chan and Lakonishok J. Earnings Qualityand Stock Returns. NBER Working Paper No. w8308, 2001.

[214] Chaney T. , Sraer, D. , and Thesmar, D. , The Collateral Channel: How Real Estate Shocks Affect Corporate Investment. *The American Economic Review*, Vol. 102, No. 6, October 2012, pp. 2381 – 2409.

[215] Wong, C. Y. , and Eng, Y. K. , International Business Cycle Co – Movement and Vertical Specialization Reconsidered in Multistage Bayesian DSGE Model. *International Review of Economics & Finance*, Vol. 26, April 2013, pp. 109 – 124.

[216] Chowdhury S M, Sheremeta R M. , A Generalized Tullock Contest. *Public Choice*, Vol. 147, No. 3 – 4, March 2011, pp. 413 – 420.

[217] Chung T Y. , Rent – Seeking Contest When the Prize Increases with Aggregate Efforts. *Public Choice*, Vol. 87, No. 1 – 2, April 1996, pp. 55 – 66.

[218] Clark, C. The Conditions of Economic Progress. *Economica*, Vol. 18, No. 72, November 1951, pp. 432 – 432.

[219] Costello, G. , Fraser, P. , and Groenewold, N. , House Prices, Non-fundamental Components & Interstate Spillovers: The Australian Experience. *Journal of Banking & Finance*, Vol. 35, No. 3, March 2011, pp. 653 – 669.

［220］ Crestanello, P. , and Tattara, G. , Industrial Clusters and the Governance of the Global Value Chain: The Romania – Veneto Network in Footwear and Clothing. *Regional Studies*, Vol. 45, No. 2, February 2011, pp. 187 – 203.

［221］ David, H. , Jun, I. , and Ker – Mu, Y. , The Nature and Growth of Vertical Specialization in World Trade. *Journal of International Economics*, Vol. 54, No. 1, June 2001, pp. 75 – 96.

［222］ De Long, J. B. , Shleifer, A. , Summers, L. H. , et al. , Noise Trader Risk in Financial Markets. *Journal of political economy*, Vol. 98, No. 4, August 1990, pp. 703 – 738.

［223］ De Long, J. B. , Shleifer, A. , Summers, L. H. , et al. , Positive Feed – Back Investment Strategies & Destabilizing Rational Speculation. *The Journal of Finance*, Vol. 45, No. 2, June 1990, pp. 375 – 395.

［224］ De Long, J. B. , Shleifer, A. , Summers, L. H. , et al. , The Survival of Noise Traders in Financial Markets. *Journal of Business*, Vol. 64, No. 1, January 1991, pp. 1 – 20.

［225］ Deniel, K. , Hirshleifer, D. , and Teoh, S. H. , Investor psychology, in Capital Markets: Evidence & Policy Implications. *Journal of Monetary Economics*, Vol. 49, No. 1, January 2002, pp. 139 – 209.

［226］ Diamond, P. , National Debt in a Neoclassical Growth Model. *American Economic Review*, Vol. 55, No. 5, December 1965, pp. 1126 – 1150.

［227］ Diba, B. T. , and Gorssman, H. , Rational Asset Price Bubbles. NBER Working Papers, No. 1059, 1983.

［228］ Ernst, D. , Catching-up Crisis and Industrial Upgrading: Evolutionary Aspects of Technological Learning in Korea's Electronics Industry. *Asia Pacific Journal of Management*, Vol. 15, No. 2, October 1998, pp. 247 – 283.

［229］ Dumais, G. , Ellison, G. , and Glaeser, E. L. , Geographic

Concentration as a Dynamic Process. NBER Working Papers, No. 6270, 1998.

[230] Giuliani, E. , Pietrobelli, C. , and Rabellotti, R. , Upgrading in Global Value Chains: Lessons from Latin American Clusters. *World Development*, Vol. 33, No. 4, April 2005, pp. 549 – 573.

[231] Fama, E. F. , and Jensen, M. C. , Separation of Ownership & Control. *Journal of Law & Economics*, Vol. 26, No. 2, June 1983, pp. 301 – 325.

[232] Fama, F. , The Behavior of Stock Market Prices. *Journal of Business*, Vol. 38, No. 1, January 1965, pp. 34 – 105.

[233] Feenstra, R. C. , Integration of Trade and Disintegration of Production in the Global Economy. *Journal of Economic Perspectives*, Vol. 12, No. 4, Autumn 1998, pp. 31 – 50.

[234] Feiger, G, What isSpeculation? . *Quarterly Journal of Economics*, Vol. 90, No. 4, November 1976, pp. 667 – 687.

[235] Flavin, M. A, Excess Volatility in the Financial Markets: A Reassessment of the Empirical Evidence. *Journal of Political Economy*, Vol. 91, No. 6, December 1983, pp. 929 – 956.

[236] Flood, R. , and Garber, P, Market Fundamental Versus Price Level Bubbles: The First Tests. *Journal of Political Economy*, Vol. 88, 1980, pp. 747 – 770.

[237] Gereffi, G. , International Trade and Industrial Upgrading in the Apparel Commodity Chain. *Journal of International Economics*, Vol. 48, No. 2, June 1999, pp. 37 – 70.

[238] Gereffi, G. , Humphrey, J. , and Sturgeon, T. , The Governance of Global Value Chain. *Review of International Political Economy*, Vol. 12, No. 1, February 2005, pp. 78 – 104.

[239] Gorton, G. , and Ordonez, G. , Good Booms, Bad Booms. NBER Working Paper, No. 22008, 2016.

［240］ Grossman, G. M. and Yanagawa, N., Asset Bubbles & Endogenous Growth. *Journal of Monetary Economics*, Vol. 31, 1993, pp. 3 – 19.

［241］ Hanson, G. H., and Slaughter, M. J., The Rybczynski Theorem, Factor-price Equalization & Immigration: Evidence from US States. NBER Working Paper, No. 7074, 1999.

［242］ Harrison, J. M., and Kreps, D. M., Speculative Investor Behavior in a Stock Market with Heterogeneous Expectation. *Quarterly Journal of Economics*, Vol. 92, 1978, pp. 323 – 336.

［243］ Hausmann, R., Hwang, J., and Rodrik, D., What You Export Matters. *Journal of Economic Growth*, Vol. 12, No. 1, March 2007, pp. 1 – 25.

［244］ Helpman, E., The Size of Regions: Topics in Public Economics. London: Cambridge University Press, 1998.

［245］ Hirshleifer. J., Speculation & Equilibrium: Information Risks & Markets. *Quarterly Journal of Economics*, Vol. 89, 1975, pp. 519 – 542.

［246］ Hsieh, C. T., and Klenow, P. J., Misallocation and Manufacturing TFP in China and India. *The Quarterly Journal of Economics*, Vol. 124, No. 4, November 2009, pp. 1403 – 1448.

［247］ Hulten, C. R., Bennathan, E., and Srinivasan, S., Infrastructure, Externalities, and Economic Development: A Study of the Indian Manufacturing Industry. *The World Bank Economic Review*, Vol. 20, No. 2, January 2006, pp. 291 – 308.

［248］ Iacoviello, M., House Prices, Borrowing Constraints, and Monetary Policy in the Business Cycle. *The American Economic Review*, Vol. 95, No. 3, June 2005, pp. 739 – 764.

［249］ Ito, T., and Iwaisako, T., Explaining Asset Bubbles in Japan. *Monetary and Economic Studies*, Vol. 14, 1996, pp. 143 – 193.

［250］ Kamien, M. I., Muller, E., and Zang, I., Research Joint

Ventures and R&D Cartels. *The American Economic Review*, Vol. 82, No. 5, December 1992, pp. 1293 – 1306.

[251] Poon, S. C. , Beyond the Global Production Networks: A case of Further Upgrading of Taiwan's Information Technology Industry. *International Journal of Technology & Globalisation*, Vol. 1, No. 1, 2004, pp. 130 – 144.

[252] Roehner, B. M. , Two Classes of Speculative Peaks. *Physica A: Statistical Mchanics & its Aplications*, Vol. 299, No. 1, June 2001, pp. 71 – 83.

[253] Rong, Z. and Huang, J. , Housing Boom, Real Estate Diversification, and Capital Structure: Evidence from China. *Emerging Markets Review*, Vol. 32, June 2017, pp. 74 – 95.

[254] Gilles, S. P. , Fiscal Policy in an Endogenous Growth Model. *Quarterly Journal of Economics*, Vol. 107, No. 4, 1992, pp. 1243 – 1259.

[255] Sakuragawa, M. , Dynamic Efficiency & Asset Bubbles under Financial Markert Friction. Nagoya City University, Working Paper, 2007.

[256] Samuelson, P. A. , Intertemporal Price Equilibrium: A Prologue to the Theory of Speculation. *Weltwirtschaftliches Archiv*, Vol. 79, January 1957, pp. 181 – 219.

[257] Samuelson, P. A. , An Exact Consumption – Loan Model of Interest with or without the Social Contrivance of Money. *Journal of Political Economy*, Vol. 66, No. 6, December 1958, pp. 467 – 482.

[258] Santos, M. S. , and Woodford, M. , Rational Asset Pricing Bubbles. *Econometrica*, Vol. 65, January 1997, pp. 19 – 58.

[259] Sarno, L. , and Taylor, M. P. , An Empirical Investigation of Asset Price Bubbles in Latin American Emerging Financial Markets. *Applied Financial Economics*, Vol. 13, No. 9, September 2003, pp. 635 – 643.

[260] Scheinkman, A. *Dynamic General Equilibrium Models—Two Examples*. Mathematic Economics, Lecture Notes in Mathematics, Vol

1330. Berlin, Heidelberg: Springer, 1988.

[261] Scheinkman, J., and Xiong, W., Overconfidence & Speculative Bubbles. *Journal of Political Economy*, Vol. 111, 2003, pp. 1183 – 1219

[262] Schott, P. K., The Relative Sophistication of Chinese Exports. *Economic Policy*, Vol23, No. 53, January 2008, pp. 5 – 49.

[263] Shiller. R., Do Stock Price Move too Much to be Justified by Subsequent Changes in Dividends? *American Economic Review*, Vol. 71, No. 3, June 1981, pp. 421 – 436.

[264] Shiller, R., *Investors Behavior in the October* 1987 *Stock Market Crash: Survey Evidence*. MIT University Press, 1989, pp. 379 – 402.

[265] Shleifer, A., *Inefficient Markets: An Introduction to Behavioral Finance*. Oxford University Press, 2000.

[266] Stiglitz, J. E., Symposium on Bubbles. *Journal of Economic Perspective*, Vol. 4, No. 2, April 1990, pp 13 – 18.

[267] Tirole, J., Asset Bubbles and Overlapping Generations. *Econometrica*, Vol. 53, No. 5, September 1985, pp. 1071 – 1100.

[268] Tirole, J., On the Possibility of Speculation under Rational Expectations. *Econometrica*, Vol. 50, No. 5, September 1982, pp. 1163 – 1181.

[269] Upward, R., Wang, Z., and Zheng, J., Weighing China's export Basket: The Domestic Content and Technology Intensity of Chinese Exports. *Journal of Comparative Economics*, Vol. 41, No. 2, 2013, pp. 527 – 543.

[270] Ventura, J., Bubbles & Capital Flows. *Journal of Economic Theory*, Vol. 147, No. 2, March 2012, pp. 738 – 758.

[271] Wang, R., Hou, J., and He, X. B., Real Estate Price and Heterogeneous Investment behavior in China. *Economic Modelling*, Vol. 60, January 2017, pp. 271 – 280.

[272] Wang, Z. , Wei, S. J. , and Zhu, K. , Quantifying International Production Sharing at the Bilateral and Sector Levels. NBER Working Paper, 2013.

[273] Weil, P. , Confidence & the Real Value of Money in an Overlapping Generations Economy. *Quarterly Journal of Economics*, Vol. 102, No. 1, 1987, pp. 1 – 22.

[274] West, K. , A Specification Test for Speculative Bubbles. *Quarterly Journal of Economics*, Vol. 102, No. 3, August 1987, pp. 553 – 580.

[275] Wong K. Y. Housing Market Bubbles & Currency Crisis: The Case of Thail & Presented at the International Conference on 'The Asia Crisis: The Economics Front'. Heldin Seattle, 1998, pp. 29 – 30.

[276] Yan, H. D. , Entrepreneurship, Competitive Strategies, and Transforming Firms from OEM to OBM in Taiwan. *Journal of Asia – Pacific Business*, Vol. 13, No. 1, January 2012, pp. 16 – 36.

[277] Yi, and Kei – Mu. Can Vertical Specialization Explain the Growth of World Trade? . *Journal of Political Economy*, Vol. 111, No. 1, February 2003, pp. 52 – 102.

[278] Yu, C. H. , and Hsu Y. J. , The Dynamic Relations between the World's Leading Computer Companies and Their Corresponding OEM/ODM Firms. *Review of Quantitative Finance & Accounting*, Vol. 19, No. 4, December 2002, pp. 315 – 333.

[279] Zhao, Xinshu, et al. , Reconsidering Baron and Kenny: Myths and Truths about Mediation Analysis. *Journal of Consumer Research*, Vol. 37, No. 2, August 2010, pp. 197 – 206.